Tierhaltung artgerecht:

Perserkatzen

AF199198

Über Julia Schnur:
Julia Schnur, wurde 1995 in Deutschland geboren. Sie hat bereits mehrere Bücher und Broschüren in diversen Kategorien veröffentlicht.

Ihre Werke sind zum Beispiel zu finden unter:
Amazon „Julia Schnur"

https://www.amazon.de/Julia-Schnur/e/B0BGLW6N6R?ref ts =sr_ntt_srch_lnk_fkmr0_1&qid=1669731225&sr=8-1-fkmr0

Perserkatzen halten

Die Haltung von Katzen ist bei Tierfreunden beliebt. Vor allem einige Rassekatzen haben es manchen Menschen angetan. Eine der beliebtesten Rassen ist die Perserkatze. Perserkatzen gelten dabei nicht nur als willensstark und intelligent. Sie sind zudem freundlich und zutraulich. Obwohl die Perserkatzen ruhige Vertreter sind, ist auch ihre Haltung nicht anspruchsfrei.

1.   Auflage
Copyright Text/ 2023/ Julia Schnur

Herstellung und Verlag:
BoD – Books on Demand, Norderstedt
ISBN/BoD-Nr.: 9783751978743

Bibliografische Information der Deutschen Nationalbibliothek:
Die Deutsche Nationalbibliothek verzeichnet diese Publikation in der Deutschen Nationalbiografie; detaillierte bibliografische Daten sind im Internet über www.dnb.de abrufbar.

Inhalt: ab Seite:

Inhalt: ab Seite:

Geschichte und Herkunft der Perserkatzen

Wo die Perserkatzen genau herkommen, ist bislang nicht geklärt. Ihre Herkunft wurde erst im Nahen Osten, Iran, vermutet. Vielleicht waren ihre Vorfahren persische Langhaar-Katzen und Angora-Katzen, mit denen gezüchtet wurde. Zurzeit haben Forscher jedoch noch andere Vermutungen.

Neuste Erkenntnisse:
Forscher gehen seit Neustem davon aus, dass die Perser russische Wurzeln besitzen. Daher könnten auch langhaarige Hauskatzen aus Russland ihre Verwandten sein. Nach einer Studie der University of Missouri, Chirurgie und Veterinärmedizin, welche auf dem 10. Weltkongress für angewandte Genetik in der Nutztierproduktion (WCGALP) im August des Jahres 2014 aufgezeigt wurde, sind Perserkatzen eine zufällige Entstehung aus Experimenten mit russischen Hauskatzen. Damals wurden die Langhaar-Katzen einfach verpaart, ohne auf ihre Rasse oder Herkunft zu achten. Nur mit kurzhaarigen Tieren wurde sie nicht ver-

paart. Vielleicht gab es bedenken, dass die kurzen Haare später wieder durchkommen könnten.

Genauso gab es die Vermutung, nach Ansichten von Alfred Brehm sei das raue Klima für das lange Fell verantwortlich. Nach Frankreich gebracht wurde auf alle Fälle Mitte des 17. Jahrhunderts die erste Langhaar-Katze aus Kleinasien. Als Überbringer gilt Nicolas Claude Fabri de Peiresc. Nach alten Vermutungen würden die Perserkatzen aus Persien stammen und ihr Mitbringer würde Pietro del la Valle sein. Doch dieser war nie in der Region.

Zucht ab 19. Jahrhundert:

Ab Mitte des 19. Jahrhunderts startete eine systematische Zucht. Die ersten Züchtungen gab es in England. Bei der ersten Katzenausstellung in London sahen die Tiere im Jahr 1871 den Perserkatzen von heute kaum ähnlich. Damals kaufte Queen Victoria zwei Exemplare. Seitdem galten die Tiere als Statussymbol der Adligen in Europa.

Anfangs war ihr Fell dünner. Mit fortschreitender Zucht nahm es an Fülle zu. Zudem wurde die Nase platter, der Körper gedrungener, die Stirn runder und der Schädel kürzer. Die Zucht von Perserkatzen erlebte in den 1970er-

Jahren einen echten Aufschwung. Besonders viel züchtete die USA.

Leider ging die Zucht in eine gesundheitsschädigende Richtung für die Tiere. Sie bekamen Probleme mit ihrem Tränenkanal und konnten kaum atmen.

Seit einiger Zeit achten europäische Züchter darauf, dass die Katzen besser Luft bekommen. In die Terminologie wurde Anfang des 20. Jahrhunderts der Name „Perser" aufgenommen. Zu der Zeit haben sich die Zuchtvereine WCF

Bild 3: Der Trend mit der platten Nase hat sich für die Tiere zum Glück gewendet.

und GCCF gegründet. Sie stellten erstmals Zuchtstandards auf. In diesen nutzen sie nicht weiter den bisherigen Begriff „Angorakatze". Zu Beginn des 21. Jahrhunderts züchteten viele Züchter, typvolle und gesunde Perserkatzen. Seitdem ist die Zucht auf neue Farbschläge ausgelegt.

Perserkatzen Steckbrief

Biologische Ordnung	
Rasse:	Perserkatze (Felis silvestris catus),
Familie:	Katzen (Felidae),
Unterordnung:	Katzenartige (Feliformia),
Überordnung:	Laurasiatheria,
Ordnung:	Raubtiere (Carnivora),
Untere Klasse:	Höhere Säugetiere (Eutheria),
Klasse:	Säugetiere (Mammalia).

Wissenswertes über die Perserkatze	
Herkunft:	Nicht geklärt, entweder naher Osten oder Russland.
Körperlänge:	40 bis 60 cm ohne Schwanz,
Größe:	Mittelgroß bis groß,
Schwanzlänge:	Bis 30 cm,
Gewicht:	3-8 kg Weibchen, bis 10 kg Männchen.

Körperbau:	Gedrungen, breite Brust, runde Pfoten und stämmige Beine,
Fell:	Lang und dicht, mit Unterwolle, alle Farben erlaubt,
Pflegeaufwand:	Hoch,
Charakter:	Ausgeglichen, sanft, einfach, freundlich
Wohnungskatze oder Freigänger?	Eher Wohnungskatze,
Bewegungsbedarf:	Gering,
Lebenserwartung:	10-13 Jahre, auch 20 Jahre werden erreicht,
Ernährungstyp:	Fleischesser (karnivor),
Schlaf- und Wachrhythmus	Nachtaktiv, tagaktiv,
Lebensraum:	Nah des Menschen,
Natürliche Feinde:	Hunde (wenn diese Katzen jagen),
Geschlechtsreife:	Nach 1. Lebensjahr,
Paarungszeit:	Immer,
Tragzeit:	Etwa 60 Tage,

Wurfgröße:	4 bis 8 Katzenwelpen,
Vom Aussterben bedroht:	Nein.

Perserkatzen in der Natur

Wo genau Perserkatzen herkommen, ist nicht geklärt. Einige Vermutungen lassen den Nahen Osten, besonders Iran, schlussfolgern. Vielleicht stammen sie auch aus einer russischen Region. Perserkatzen entstanden auf alle Fälle nicht in der Natur. Sie wurden von Menschen gezüchtet. In der freien Natur gibt es sie nicht. Dort könnten die Tiere mit ihrem langen Fell nicht überleben.

Wie sehen Perserkatzen aus?

Perserkatzen unterliegen einem vorgeschriebenen Rassestandard:

-Perserkatzen müssen **mittelgroß bis groß** werden und einen gedrungenen **Körperbau** haben. Ihre **Brust** und die **Schul-**

tern müssen **breit** sowie **muskulös** sein und die **Beine sind stämmig und niedrig**. Hinzu kommen **runde Pfoten mit Zehen**, zwischen denen **Haarbüschel** stehen.

-Der **Schädel** hat **breit** und **rund** zu sein. Dazu kommt eine **rundliche Stirn** als auch **volle Wangen**.

-Im **Gesicht** besitzen die Katzen eine **kurze** und **breite Nase**. **Damit die Tiere atmen können, müssen ihre Nasenlöcher geöffnet sein**. Eine Qualzucht sind Tiere mit zu kurzen Nasen. Außerdem **muss** der **Nasenrücken**, der sogenannte Stopp, **zwischen den beiden Augen enden**. Der Stopp darf nicht unter oder über den Augenlidern enden.

-Weiterhin brauchen die Tiere einen **breiten und kräftigen Kiefer** und ein **starkes Kinn**.

-Ihre **Ohren** müssen **weit auseinanderliegen** und am Kopf einen niedrigen Platz haben. Lange Ohrbüschel sind wünschenswert. Ein Muss sind **runde Ohrspitzen**.

-Zusätzlich besitzen Perserkatzen **große, runde** und **weit auseinanderstehende Augen.** Farblich sind sie orange,

Bild 4: Augen einer Perserkatze

kupferfarben, grün oder blau.

Nicht zugelassen sind zweifarbige Augen. Zudem sind gelbe und grüne Augenränder nicht willkommen. So etwas steht für einen Zuchtfehler.

-Unter dem dichten **Fell**, welches bis zu 3 x so lang ist als bei anderen Katzen, **gibt es eine dichte Unterwolle. An der Brust** und den **Schultern** befindet sich eine **Halskrause.** Als Fellfarbe sind alle Farbrichtungen erlaubt. Anfangs waren diese noch leicht zu übersehen. Da gab es schwarz, blau und weiß. **Mittlerweile existieren mehr wie 200 anerkannte Farbschläge, mehrfarbige Felle und verschiedene Zeichnungen.** Besonders beliebt sind Lilac, Chocolate, Schildpatt, Smoke. Außerdem gibt es schwarze, weiße, rote, cremefar-

14

bene und blaue Perserkatzen. Einst galt auch die Colourpoint zu einer beliebten Perserkatze. Sie entstand mit einer Einkreuzung der Siamkatze und ist nun eine eigene Katzenrasse.

Welche Kreuzungen und Farbschläge gibt es?

Perserkatzen gibt es in vielen Farbschlägen und auch mehrfarbig. Einige besitzen spezielle Zeichnungen. Noch immer werden neue Farbschläge gezüchtet.

Bicolor:

Manche Perserkatzen können zweifarbig sein. Dabei gibt es die Kategorien Rauch und Weiß, Schattiert und Weiß sowie Tabby und Weiß. Zu Rauch und Weiß gehören weiße Katzen mit der Zweitfarbe schwarz, rot, blau, calico, creme, verdünnter calico, calico smoke, lilac calico und chocolate. Auch Schildpatt-Katzen passen hierein. Einige der genannten Farben sind zumindest möglich. Es heißt nicht, dass es auch Perserkatzen in diesen Farbtönen gibt.

Zu Schattiert und Weiß gehören alle schattigen oder Shell-Farben und -Kombinationen mit Weiß. Es können sein: Cameo, lilac calico, chocholate calico und dilute cream calico. Die Tiere mit einer Tabby-Farbe oder mit einem Tabby-Muster und weiß gehören in die Kategorie Tabby und Weiß.

Calico:

Diese Gruppe war einst umstritten. Die ersten Tiere dieser Art wurden 1871 gezeigt. Zu Beginn der 1900er-Jahre wurde die Zucht eingestellt. Ab den 1960ern wird wieder gezüchtet. Erst gab es die Angst, die Weißscheckung würde zu negativen Eigenschaften beitragen. Doch das geschah nicht. **Calico-Katzen sind zweifarbig. Sie müssen weiße Füße, Beine, einen weißen Bauch, eine weiße Brust und einen weißen Schwanz besitzen.** Über die Brust und die Schultern kann das Fell länger sein. An den genannten Teilen dürfen sich maximal 2 kleine Farbflecke befinden. Gern gesehen ist ein umgedrehtes V im Gesicht. Calico können ebenso ein Tabby-Muster oder ein Schildpatt mit Weiß sein. Es gibt hin und wieder einen Unterschied von Schildpatt mit Weiß, bei dem es nur eine weiße Brust oder weiße Füße gibt. Auch Kattun kommt vor. Hier sind die Beine, die Füße, der Bauch,

die Brust und die Schnauze weiß. Der Rücken kann schwarz, weiß oder rot sein. Verdünnte Calico, Schoko-Calico und Flieder können auftreten. Das Muster ist ähnlich wie das der Schokolade und Lila Creme-Farben.

Schildpatt:

Schildpatt-Katzen waren mal mehr und mal weniger beliebt. Anfangs gab es viele Shows mit ihnen. Dann verschwanden sie, galten als unerwünscht. In den 1930er-Jahren wurden sie wieder mehr. **Die Schildpatt sind mehrfarbig.** Ihre Farbe kommt von den weiblichen X-Chromosomen. Die Chromosomen können eine Veranlagung von Rot oder Schwarz besitzen. Erbt die Katze ein X-Chromosom mit der roten und ein zweites mit den schwarzen Genen, entsteht die Schildpatt. Selten gibt es sogar 3 Geschlechtschromosomen. **Da Männchen nur ein X-Chromosom besitzen, ist bei ihnen diese Farbkombination nicht möglich.** Meist ist die Hauptfarbe der Katzen schwarz. Dazu kommen rote Flecken.

Wird eine bestimmte Menge an roter Farbe überschritten, heißen die Katzen torties. Torties haben als junge Tiere ein rauchiges Fell. Das verbirgt einen Teil der Flecken. Mit dem

Wachstum nehmen die Flecken zu. Es kann sich dabei um klar abgegrenzte Flecken handeln oder um eine Mischung aus Schwarz und Rot. Je nach Art sehen die Tiere sehr verschieden aus. Manche Tiere haben eine cremefarbene oder rote Blässe im Gesicht. Damit wirken die Katzen freundlicher. Im Charakter sind die Tiere aber dominant.

Blau Creme ist eine Form der schwarzen und roten Schildpatt-Katze. Die Farbe ist blasser. Nur wenig ist ein Tabby-Muster zu sehen.

Chocolate Fox ist eine neue Farbe. Das Schwarz im Muster der Tortie ist verändert. Die Farbe geht mehr ins Braun.

Lilac Creme wird selten gesehen. Es ist durch mehrere Farbverdünnungsversuche entdeckt worden. Die Katzen haben hellrote Flecken.

<u>Shaded:</u>

Bei dieser Richtung sind die **Haare silbergrau und die Haarspitzen farbig.**

<u>Silber und Golden:</u>

Bei diesen Tieren hemmt ein Gen die Farbherstellung. **Nur an der Spitze des Haares gibt es Farbe.** Sie kann Schattier-

ungen besitzen. Außerdem haben alle Tiere grüne oder blau-grüne Augen. Drumherum ist ein schwarzer Lidstrich. Auch um die Lippen und um die Nase befindet sich dieser Strich. Das Fell der Silber-Katzen gilt als sehr empfindlich. Bei der Pflege ist es vorsichtig zu berühren. **Außerdem werden die Tiere unterschieden in:**

-Chinchilla Silber:

Solche Tiere haben ein reines Weiß auf ihrem Brustbereich und dem Bauch. Am Kopf, Schwanz, Rücken sowie den Beinen kann das Fell silberfarben sein. Ihre Nasenspitze ist rot.

-Shaded Silber:

Hier sind Brust und Bauch reinweiß. Der Rest ist noch dunkler. Manchmal werden Shaded mit Chinchilla-Silber verwechselt.

-Chinchilla Goldene:

Anders als bei Chinchilla-Katzen sind Brust und Bauch nicht reinweiß. Sie sind cremefarben. Die Nase ist noch roter. Bei der Zucht sind Chinchilla Goldene nicht so beliebt. Denn sie besitzen störende Tabby-Zeichnungen.

-Shell/Creme Chinchilla, Shell Cameo/Red Chinchilla, Shell und Shell Schildpatt-Blau-Creme:

Alle dieser Tiere besitzen ein weißes Unterfell. Die Cameo ist etwas rot. Schell-Creme hat die gleiche Farbe wie Chinchilla-Katzen. Ihr Fell ist etwas cremefarben auf dem Rücken. Bei Schildpatt und Blau-Creme sind zwei Farben kombiniert. Solche Tiere gibt es selten. Sie gelten als sehr schön.

-Shaded Cameo/rot schattiert, Shaded-Blau-Creme, Schildpatt und Shaded Creme:

Die dunkle Farbe ist tiefer als bei silber Shaded. Das Fell ist schwer zu unterscheiden.

Smoke:

Smoke ist eine exotische Farbe. **Hier sind die Haare fast alle eingefärbt, mit silberweißen Haarwurzeln. Das helle Unterhaar ist klar zu erkennen. Am Hals gibt es eine längere Halskrause.** Dennoch kann es schwer sein, einen echten Smoke zu erkennen. Denn nicht immer ist das Unterhaar sichtbar.

Solid Colour:

Unter diese Benennung fallen **einfarbige Perserkatzen.** Sie können die Farben besitzen: Weiß, Schwarz, Blau, Rot, Cream, Chocolate und Lilac.

Lilac werden die Tiere genannt, mit einer blassen Fellfarbe aus Lavendel und Rosa.

Chocolate bedeutet ein schokobraunes Fell. Solches ist noch selten zu finden.

Die Fellfarbe **Cream** geht in Richtung beige und hat einen Hauch von Rot.

Rot erinnert einige an rotbraune Katzen. Bei rotem Fell sind Schattierungen möglich.

Als **Blau** werden verschiedene Grautöne benannt. Das Perser-Blau ist blass und glänzt kaum. Auch brauchen blaue Katzen meist länger, bis ihr Fell nach dem Baden trocken ist. Denn es speichert Wasser besser.

Sehr beliebt sind auch **schwarze** Tiere. Dabei kann es Schattierungen geben. Für diese Fellfarbe ist Sonnenlicht nicht geeignet. Es kann die Spitzen verbrennen, fast wie bei der Menschenhaut. Dann kann das Fell rötlich aussehen.

Noch beliebter als die schwarzen Tiere sind **weiße** Perser-katzen. Sie sind ganz weiß. Nach ihrer Geburt können sie einen Fleck am Kopf haben. Mit bis 10 Monaten wird er verschwinden. Bei ihnen gibt es Unterteilungen in der Augenfarbe. Anfangs werden alle Tiere mit blauen Augen geboren. Nach 6 Wochen entscheidet sich die spätere Augen-

farbe. Die meisten weißen Perserkatzen besitzen kupfer-farbene Augen. Auch blauäugige Tiere gibt es. Hierfür sorgt das White-Spott-Gen, was die Tiere oft auch taub macht.

<u>Tabby:</u>

Gemeinsam ist den Tabby-Katzen, dass sie alle ein **Streifenmuster** haben. Die Streifen sind dunkler auf einem helleren Untergrund. Bei Perserkatzen sind zwei Tabby-Muster anerkannt. Es sind die klassische Tabby und die Mackerel.

Die **klassische Tabby** besitzt breite und gute Markierungen. An den Beinen sind Bänder zu sehen und der Schwanz ist beringt. Im oberen Brustbereich befindet sich ein Muster wie eine Halskette. Ein M ist an der Stirn. An den Wangen und am Lidstrich gibt es Linien. Sie reichen bis zu den äuß-eren Linien der Augen. Die Linien, die bei dem M beginnen, ziehen sich über den Kopf, den Rücken und den Schwanz. An Brust und Bauch sind Doppelreihen mit Linie, die einen Fleck ergeben. Er sieht wie ein Kopf aus. Das Muster wird auch mit langen Haaren gesehen. Es kann aber unscharf werden.

Mackerel Tabby besitzt oft das gleiche Muster wie die klassische Tabby. Markierungen an den Schultern und an den Seiten gibt es nicht. Viel mehr laufen die Linien an den Seiten hinunter. Sie stehen im rechten Winkel zu den Linien der Wirbelsäule. Das erscheint wie ein Fischgrätenmuster.

Colourpoint:

Dies ist eine ehemalige Farbrichtung. Entstanden ist sie durch die Einkreuzung der Siamkatze, welcher sie farblich ähnlichsieht. Ihr langes Fell ist überall hell, an bestimmten Stellen wie Schwanz, Beinen und Gesicht etwas dunkler.

Die Kreuzungsversuche geschahen in den 1920er-Jahren in den USA und in Schweden. Im Jahr 1935 wurde in den USA die erste Colourpoint auf die Welt gebracht. Eine zielgerichtete Zucht begann in Großbritannien in den 1940er-Jahren. Weitere Namen für Colourpoint sind Maskenperser und Himalayan. **Diese Farbrichtung zählt nun als eigene Katzenrasse.** Dabei entspricht der Rassestandard der Perserkatze, ausgenommen der Färbung.

Der Kopf ist massig und rund, auf einem kurzen und dicken Hals. Die Ohren sind klein, nach vorn geneigt und die Nase ist breit. In der Größe werden sie mittelgroß bis groß,

bei einem gedrungenen und stämmigen Körper. Kurz und üppig erscheint der Schwanz, blau sind die Augen.

Exotisches Kurzhaar:

Diese Rasse ist eine Kreuzung aus Perserkatze und der Amerikanischen Kurzhaar. Sie wurden in den USA gezüchtet und hat den gleichen Rassestandard als die Perserkatze. Der Unterschied liegt in der Felllänge, der Fellfarbe und der Felltextur. Das Exotische Kurzhaar besitzt ein plüschiges und kurzes Fell. Das macht die Tiere pflegeleichter.

Bild 5, 6, 7: In der Fellfarbe können Perserkatzen grundverschieden sein. Hier 3 Möglichkeiten von über 200 anerkannten Farbschlägen.

Anatomie

Körper allgemein:

Perserkatzen werden **mittelgroß bis groß**. Sie sind **40 bis 60 cm lang. Dazu kommt der Schwanz von ca. 30 cm Länge**. In der Höhe werden die Männchen 5 bis 10 cm größer als Weibchen. Ebenso werden sie bis zu 10 kg (Männchen) und bis zu 8 kg (Weibchen) schwer. Viele Tiere wiegen nur 6 kg (Männchen) und bis 4,5 kg (Weibchen). Ihr Körper wirkt gedrungen. Die 4 Pfoten sind rund, die Brust breit und die 4 Beine sind niedrig und stämmig.

Kopf-Form:

Die Tiere haben einen breiten und runden Schädel mit vollen Wangen. Ihre Stirn ist rund. Am besten ist das Kinn stark, der Kiefer kräftig und breit.

Knochen:

Katzen, also auch Perserkatzen, besitzen bis zu 240 Knochen. Es sind 38 mehr als beim Mensch. Sie laufen auf 4 Beinen. Beim Gehen treten sie nur auf ihren Zehen auf. Damit können sie schnell laufen. Zum Skelett gehören zu-

dem 7 Lendenwirbel, 13 Brustwirbel, 7 Halswirbel und 20 bis 23 Schwanzwirbel. Das Kreuzbein besteht aus 3 Kreuzwirbeln. Weiterhin gehören den Katzen je ein Oberkiefer, ein Unterkiefer, zwei Schulterplatten, 2 Oberarmbeine, 2 Ellen und 2 Speichen. Nach dem Kopf und dem Hals folgt das Brustbein. Katzen besitzen zudem Rippenbögen, Beckenknochen, Oberschenkelbeine, Unterschenkelbeine, Knie, Ellenbögen und Wadenbeine.

Gebiss:

Erwachsene Katzen können etwa 30 Zähne besitzen. Die Anzahl hängt von der Rasse ab. **Perserkatzen haben meist weniger Zähne als andere Katzen.** Junge Katzen haben nur 26 Zähne. Im 6. Monat passiert der Wechsel der Zähne. Unter anderem gehören zum Gebiss 2 Fangzähne, auch Caninus genannt, im Oberkiefer und im Unterkiefer. Je 6 Schneidezähne, Incisivi, und je 2 hintere Backenzähne, Molare, sind im oberen und unteren Kiefer zu finden. Vordere Backenzähne, Prämolare, gibt es im Oberkiefer 6 und im Unterkiefer 4.

Organe:

Unter anderem besitzen Katzen diese Organe: Gehirn, Luftröhre, Speiseröhre, Lungenflügel, Zwerchfell, Leber, Herz, Milz, Magen, Niere, Blase, Dickdarm, Dünndarm, Harnröhre und Rückenmark.

Augen:

Beide Augen sind groß und stehen weit auseinander. Ihre Farbe kann verschieden sein. Möglich ist orange bis kupferfarben, blau und blau-grün. **Tiere mit zwei Augenfarben sind verboten.** Bei einigen Tieren kann es um die Augen und um die Nase einen dunklen Lidstrich geben. Es wird vermutet, dass Katzen ein Sehfeld von 200 Grad besitzen. Auch sehen sie in einer Sekunde mehr Bilder als ein Mensch. So können sie schnell reagieren. Zudem können Katzen Farben nicht scharf sehen. **Das Sehen von Rottönen ist nicht machbar. In der Katzenwelt ist alles grün und blau. Allerdings ist das Sehen in der Nacht weit ausgeprägt.** Mit dem Tapetum lucidum hinter der Netzhaut und einer regulierbaren Pupille reicht ein kleiner Lichtstrahl, damit Katzen im Dunkeln sehen. Des Weiteren besitzt das Katzenauge einen Zillarkörper. Mit ihm ist es möglich die Linse zu

krümmen, um nah scharf zu sehen. Wird sie entkrümmt, verbessert sich die Sicht in die Weite. Ebenso vergrößert oder verkleinert sich das Auge je nachdem, ob viel oder wenig Licht da ist. Bei sehr starkem Lichteinfall wird die Pupille zu einem Strich. **Katzen nehmen UV-Licht wahr.**

Nase:

Perserkatzen haben eine kurze und breite Nase und einen sichtbaren Stopp zwischen den Augen. Er muss genau mittig sein, nicht oberhalb oder unterhalb der Augen. **Wichtig ist, dass die Nasenlöcher geöffnet sind.** Der Geruchssinn ist bei Katzen gut ausgeprägt. Er hilft beim Fressen und beim Erkennen der Artgenossen. Etwa 200 Millionen Riech-zellen sitzen nicht in der Nase, sondern im Rachen. Auch ist das Riechfeld in der Nase mit 40 Quadrat-Zentimetern doppelt so groß als bei Menschen.

Jacobsonsches Organ:

Dieses Organ befindet an dem Gaumen der Katze. **Mit ihm können die Tiere flehmen, also riechen und schmecken.**

Ohren:

Die Ohren sind weit auseinander. Sie sind klein. Ihr Platz ist niedrig am Kopf. An ihnen sitzen Ohrbüschel. Zudem sind ihre Spitzen rund. Die Hörfrequenz liegt wohl bei 45 bis 80.000 Hertz. Im Alter nimmt das Gehör der Katzen ab. Katzen hören allgemein, aber besser als Menschen. Sie können auch die Richtung der Geräusche erkennen.

Zunge:

Auf der Zunge besitzen Katzen Geschmacksknospen. **Mit ihnen schmecken sie salzig, bitter und scharf.** Süß können sie nicht schmecken.

Tasten:

Die Tasthaare heißen bei Katzen **Vibrissen.** Sie befinden sich am Gesicht, an den Beinen, an und in den Ohren und zwischen den Zehen. Mit ihnen wird die Umgebung wahrgenommen. Entfernungen zu Gegenständen können abgeschätzt werden. Ebenso sind die Tasthaare dichter als die normalen Haare. Im Inneren umgeben sie Sinussen. Die mit blutgefüllten Hohlräume sind mit Nervenzellen verbunden und verstärken Bewegungen und Schwingungen. Bei einer

Berührung des Tasthaares entsteht die Schwingung, die der Nerv wahrnimmt. Er sendet dies an das Gehirn weiter. **Somit kann eine Katze auch im Dunkeln abmessen, ob sie irgendwo durchpasst.**

Fell:

Das Katzen-Fell ist lang und dicht. Es gibt eine Unterwolle und bei einigen Katzen eine Halskrause. Diese verläuft an Brust und Schultern. Bezüglich der Farben ist alles erlaubt.

Füße:

Katzen haben 4 Pfoten. 5 Krallen befinden sich an den vorderen Pfoten. 4 Krallen sind an den hinteren Pfoten. Die Krallen der vorderen Pfoten können eingezogen werden. Damit sie scharf bleiben, wetzt die Katze sie immer wieder. Die abgekratzte Hornschicht heißt auch Krallenhülse. **Speziell bei Perserkatzen sollten sich zwischen den Krallen Haarbüschel befinden.**

Bild 8: Unterseite einer Katzenpfote

Duftdrüsen:

Mit ihrem Duft markieren Katzen ihr Revier. Sie geben ebenso Artgossen Auskunft über sich. Die Drüsen befinden sich an der Wange, am Kinn, am After, an der Stirn, zwischen den Pfotenballen, am Schwanzansatz und an den Körperseiten.

Drehreflex:

Damit eine Katze auf ihren Füßen landet, benötigt sie eine Fallhöhe von mindestens 3 Metern. Während des Falls dreht sie sich um ihre eigene Achse. Das Drehen beginnt am Kopf. Es geht über den Rumpf. Die Hinterbeine drehen sich zum Schluss.

Das Gehirn:

Sinneseindrücke werden vom Gehirn des Tieres wahrgenommen.

Der Blutkreislauf:

Das Herz ist das Zentrum des Blutkreislaufes. Es wiegt bei Perserkatzen 15 bis 20 Gramm und befindet sich hinter der 4. bis 7. Rippe.

Der Blutkreislauf hat die Aufgabe, nährstoffreiches und sauerstoffreiches Blut durch den Tierkörper zu transportieren. Sämtliche Zellen werden davon genährt. Zudem gilt es, die Stoffwechselprodukte, also nicht verwertbare Stoffe, zu den Ausscheidungsorganen zu bringen. **Beim Blutkreislauf existieren zwei Kreisläufe. Einer ist der Körperkreislauf.** Er bringt das Blut, welches in der Lunge mit Sauerstoff angereichert wird, über die linke Herzvor- und Herzhauptkammer durch die Aorta in die Arterien. Hier teilt sich das Blut. Ein Teil kommt in die Arterien und in das Körpergewebe. Der andere Teil, 15 bis 20 %, gelangt zum Gehirn. Das Blut des ersten Teils kommt zu den Kapillaren. An die wird der Sauerstoff abgegeben. Es sind die Verbindungen zwischen Venen und Arterien. Auch wird Kohlendioxid aufgenommen. Leber und Darm nehmen Nährstoffe auf und das Blut bekommt die Stoffwechselprodukte der Nieren ab. Sie werden zu den Ausscheidungsorganen gebracht. Folgend fließt das verbrauchte Blut durch die Venen zur rechten Herzvor- und Herzhauptkammer. **Von hier aus geht es im nächsten Blutkreislauf zur Lunge.** Hier wird es wieder mit Sauerstoff versorgt. Kohlendioxid wird abgegeben.

<u>Das Herz:</u>

Das Katzenherz ist etwa 26x19 mm (Katze) oder 33x24 mm (Kater) groß. Es wiegt 15 bis 20 Gramm. **Bei einer 5-kg-Katze pumpt es ca. alle 7 bis 10 Sekunden die 330 ml Blut durch den Körper.** Dabei reagiert es auf körpereigene Chemikalien
und auf Hormone und elektrische Pulse.

<u>Die Verdauung:</u>

Die Katzenverdauung ist einfacher als die Menschenverdauung. Im Katzenspeichel gibt es keine Verdauungsenzyme. Die Tiere schlucken ihre Nahrung in Stücken und eine Vorverdauung ist nicht notwendig. Dafür besitzt ihr Magen wiederum ein großes Fassungsvermögen. Auch ist er an schnelle Mahlzeiten gewohnt. In ihm ist ein höherer Säuregrad. **Damit ist es möglich, ganze Beutetiere mit Knochen und Federn zu verdauen.** Bakterien werden genauso durch diese Säure abgetötet. Ein Blinddarm wird vergebens gesucht. Bei der Verdauung erfolgt die Zerlegung der Inhaltsstoffe, also Fette, Kohlenhydrate und Proteine in einfache Moleküle. Folgend werden aus ihnen Aminosäuren und essenzielle Fettsäuren.

Durch die Wände des Dünndarms kommen sie in den Blutkreislauf und zur Leber.

Der Dünndarm hat eine Länge von 1,0 bis 1,7 Metern. Mit seiner Darmflora kann er nur gering Kohlenhydrate verdauen. **Damit alle Säuren hergestellt werden, sind Katzen als Fleischfresser sehr auf tierisches Eiweiß angewiesen.**

Verhalten:

Bei Perserkatzen existieren verschiedene Verhalten. Sie können eine unterschiedliche Bedeutung haben.

Lautsprache:	
Verhalten:	Bedeutung:
Schnurren:	-Wohlfühlen, -Krank sein, -Angst.
Miauen:	-Ruhige Stimmung, -Jagdlaune, -Begrüßung,

	-Aufmerksamkeit wollen, -Unmut.
Brummen, fauchen, kreischen Spucken, angelegte Ohren:	-Angst.

Körpersprache:	
Verhalten:	**Bedeutung:**
Katzenbuckel:	-Katze will größer aussehen. Vermutlich fühlt sie sich bedroht.
Kopfreiben und kratzen:	-Reviermarkierung, -Schärfen der Krallen, -Normales Verhalten.
Anstarren, blinzeln:	-Drohung. Um einen Angriff zu umgehen, sollte die Katze nicht länger, ohne zu blinzeln angesehen werden.
Schwanzschlagen:	-Nicht-Entschlossenheit oder Angriffslust.

Rückenlage und erhobene Pfoten:	-Zeichen für einen Angriff.
Schnattern, gurren und Schwanzpeitschen:	-Spielaufforderung oder Frustration.
Treteln:	-Bei Kitten: Milchtritt, um die Milchgabe der Mutter zu verstärken, -Bei erwachsenen Katzen: Vergnügen.
Lecken und Putzen:	-Körperpflege, -Unentschlossenheit, -Aufregung, -Hektisches Putzen: Stress, -Freisetzung des Wohlfühl-hormons „Endorphin".
Flehmen:	Mit dem Jacobsonschen Organ können Katzen fleh-men. Sie wirken dabei ab-wesend und haben das Maul etwas geöffnet. Über das Flehmen nehmen sie Gerüche wahr.

Scharren am Fressnapf:	-Katze möchte Futter für schlechte Zeiten vergraben. -Kann Ablehnung des Futters sein.

Sonstige Verhalten:	
Verhalten:	**Bedeutung:**
Sauberkeit und Ordnung:	Den Tieren ist Sauberkeit und Ordnung wichtig. Darum putzen sie sich oft. Außerdem mögen sie zeitlich feste Abläufe und einen Platz zum Futtern und Schlafen, welcher sich nicht ändert.
Jagdtrieb:	Perserkatzen besitzen fast keinen Jagdtrieb.
Rangordnung:	Bei Katzen gibt es nicht eine feste Rangordnung. Lediglich potente Tiere und Katzen mit Nachwuchs haben einen höheren Rang.

	Eine relative Rangordnung, die sich abhängig nach Ort und Zeit ändert, gibt es jedoch. Sie wird über die Körpersprache vermittelt.
Spielen:	Die Tiere an sich neigen zur Faulheit. Um nicht übergewichtig zu werden, ist ein wenig Spielen nicht wegzudenken. Eventuell müssen die Halterinnen und Halter hier geduldig sein und ihre Katze immer wieder zum Spielen motivieren. Es ist nicht zu übertreiben. Damit die Tiere nicht das Interesse am Spielzeug verlieren, ist dieses nach dem Spielen wegzulegen.
Perserkatzen und Besuch:	Fremden gegenüber ist die Perserkatze zurückhaltend. Lernt sie die Menschen ken-

	nen und findet sie diese nett, geht sie auf Kuschel- kurs.

Perserkatzen und andere Haustiere:

<u>... und Hunde:</u>

Da die meisten Hunde Katzen jagen, ist diese Kombination nicht gut.

Bild 9: Katze und Hunde sind selten Freunde

<u>... und Mäuse:</u>

Bei Persern ist der Jagdtrieb nicht weit verbreitet. Dennoch ist es für Mäuse nicht angenehm, wenn ständig ein mög- licher Fressfeind in der Nähe ist.

... und andere Katzen:

Perserkatzen können allein gehalten werden oder zu mehreren Tieren. Eine Haltung von mehreren Katzen ist ratsam, vor allem, wenn die Menschen nicht immer Zeit haben.

Bild 10: 2 Perserkatzen unter sich

So ist die Katze nicht allein. Eine Ausnahme ist es, wenn die Perserkatze sich nicht mit anderen Katzen verträgt, was auf eine falsche Sozialisierung hindeutet. **Denn im Wesen sind Perserkatzen eigentlich keine Einzelgänger.** Wichtig ist aber, dass die Katzen im Charakter zusammenpassen. Da Perserkatzen eher ruhig sind, sollte die andere Katze ebenso ruhig sein. **Gut sind darum zwei Perserkatzen.** Soll es wiederum eine andere Rasse sein, dann wird hier als Zweittier zur Perserkatze ein älteres Tier empfohlen, welches mehr Ruhe braucht.

Perserkatzen und Kinder:

Perserkatzen haben Kindern gegenüber eine freundliche

Einstellung. Wichtig ist, dass die Kinder die Bedürfnisse der Tiere akzeptieren.

Perser ist nicht Perser:

Im Verhalten sind alle diese Katzen ruhig, gelassen und dickköpfig. Je nach Tier kann der Charakter jedoch etwas anders sein. Zudem ist es für die Erhaltung des Grundcharakters der Katzen wichtig, sie richtig zu halten.

Perserkatzen kaufen

<u>Wo kaufen?</u>

Perserkatzen gibt es bei **Züchtern**. Manchmal wird auch in **Kleinanzeigen** mit ihnen geworben. Hier sind die Katzen günstiger, aber nicht unbedingt gesünder. **Unseriöse Züchter** sparen an Impfungen, Tierarztbesuchen, vorherigen Gentests, Entwurmungen und gutem Futter. Auch sparen unseriöse Anbieter an der Zeit und geben die Kitten

zu früh ab. **Das scheinbar gesparte Geld wird dann später für den Tierarzt ausgegeben.**

Eine bessere Möglichkeit sind **seriöse Züchter.** Hier kommen die Kitten aus guten Händen, was sie aber teurer macht. Der Preis pro Tier liegt bei 400,00 bis 1000,00 €. Dafür glänzen sie mit einer **besseren Gesundheit,** da sie keine Atemprobleme und keine Krankheiten wie PKD, HCM, HD oder PL haben.

Seriöse Züchter züchten nicht mit Katzen, welche solche Krankheiten in den Genen haben und **testen die Elterntiere** vorher. Auf diese Art verhindern sie, dass die Krankheit weitervererbt wird.

Zudem gibt ein seriöser Züchter die Kitten **erst mit mindestens 12 Wochen ab. Diese sind zweifach geimpft und entwurmt** (Impfpass einsehen) **und besitzen einen Stammbaum (ohne diesen Stammbaum handelt es sich nicht um eine richtige, eingetragene Perserkatze).** Gern dürfen die Kitten noch älter sein. Denn zwischen der 10. und der 14. Woche lernen die Kleinen wichtiges Sozialverhalten von ihrer Mutter und den Geschwistern.

Seriöse Züchter besitzen außerdem einen **Eintrag in einen eingetragenen Rassekatzen-Verein,** freuen sich über Fragen

zur Perserkatze (und können sie auch beantworten) und kennen die Ketten gut. **Ebenso verkaufen sie nicht ohne Kaufvertrag oder Schutzvertrag.** Nach dem Kauf einer Katze ist im Besitzregister der Name des Halters zu ändern. **Selbstverständlich verkaufen seriöse Züchter ihre Tiere auch nicht irgendwo auf dem Parkplatz, sondern bei sich zu Hause oder auf einer Ausstellung.**

Ebenso gibt es manchmal Perserkatzen im **Tierheim**. Auch sie können wunderschöne Tiere sein, die ein neues Zuhause suchen.

Weiterhin können Katzen auf **Katzenshows** erworben werden.

<u>Was ist beim Kauf wichtig?</u>

Unabhängig davon, wo die Perserkatzen gekauft werden, sollten diese **gesund** sein. Ebenso ist es gut, wenn ihre **Umgebung sauber** ist. Weiterhin ist auf den **Rassestandard** zu achten. Nach ihm besitzen die Tiere:

-keinen zu hohen oder zu flachen Schädel,

-keine Atembeschwerden,

-keine tränenden Augen,

-keinen zu schmalen oder langen Körper und vieles mehr.

Rassestandard siehe Kapitel: **Wie sehen Perserkatzen aus? (Seite 12)**

<u>Woran vorher denken?</u>
Am besten wird vor dem Kauf einer Perserkatze sich über einiges informiert:

Bild 11: Ratsam: Vorher eine Checkliste anlegen.

-Habe ich genug Geld für das Tier und die Versorgung?

-Reicht die Zeit für die Katze? -> Mit der Perserkatze muss es keine Zeit zum Spazierengehen geben. Das Füttern, Spielen, die Gesundheitskontrolle und besonders die Fellpflege nehmen jedoch Zeit in Anspruch.

-Gibt es Allergien?

-Habe ich alle Gefahren im Haushalt beseitigt?

-Kann ich damit leben, dass Perserkatzen auch nachts aktiv sind?

-Sind alle Haushaltsmitglieder einverstanden?

-Werden weitere Haustiere gehalten? Hunde zum Beispiel vertragen sich meist nicht mit Katzen. Auch Perserkatzen und Farbmäuse sind keine geeignete Konstellation.

-Wer versorgt die Perserkatze im Urlaub oder bei Krankheit im Krankenhaus?

-Gibt es genug Platz für die Tiere? Perserkatzen benötigen kaum Freigang. Es sind reine Wohnungskatzen. Dafür muss die Wohnung groß genug sein.

-Ist mir bewusst, dass es Schäden an der Einrichtung geben kann, wie Urin-Flecken oder Kratzspuren? Kann ich darauf mit Geduld und Liebe reagieren?

-Komme ich damit klar, dass meine Perserkatze macht, was sie will? Katzen sind nur bis zu einem bestimmten Punkt zu erziehen. Irgendwann setzen sie ihren eigenen Kopf durch.

-Sehen alle ein, dass Katzen keine Spielzeuge sind? Ihre Fress-, Putz-, Ruhe-, Schlaf- und Spielzeiten sind einzuhalten. Beim Schlafen, Putzen, Fressen ist das Tier nicht zu stören.

<u>Ausgaben Perserkatze:</u>

Einmalige Kosten sind (für 1 Tier):*	
Kosten pro Tier:	Mehrere hunderte bis Tausend Euro,
Näpfe:	5,00-40,00 €,
Katzen WC, mit Schaufel und erster Einstreu:	30,00-60,00 €,
Spielzeug:	ab 2,00 €,
Bürste/Kamm:	ab 5,00 €,
Kratzbaum:	20,00-200,00 €,
Schlafkissen, Schlafhöhle:	ab 10,00 €,

Halsband (wenn es gebraucht wird):	3,00-25,00 €.

*Alle genannten Kosten sind nur ungefähre Richtwerte. Es wurde sich nach den aktuellen Preisen gerichtet, als der Ratgeber entstand. Eventuell sind die tatsächlichen Werte je nach Wirtschaftslage der Region etc. sehr verschieden. Außerdem wird keine Gewähr übernommen, dass alle Kostenfaktoren genannt wurden.

Manches Zubehör darf gern gebraucht sein. Dann kostet es weniger. In diesem Fall sollte es vorher gereinigt werden.

Außerdem müssen Kosten eingeplant werden für:

Kosten für die Wohnungssicherung*	
Fenstersicherung:	10,00-50,00 €,
Balkonsicherung:	10,00-40,00 €,
Katzenklappe:	30,00-80,00 €,
Anti-Kau-Spray für Kabel:	Ab 6,00 €.
Kosten pro Monat und Tier sind:	
Futter:	Ab 40,00 €,
Einstreu:	Ab 40,00 €.
Medizinische Ausgaben je Tier sind:	
Impfungen für Kitten:	einmalig 50,00-90,00 €,

Kastration:	einmalig 30,00-70,00 €,
Impfungen für erwachsene Perserkatzen:	30,00-100,00 € pro Impfung,
Allgemeine Untersuchung:	10,00-33,00 €,
Entwurmung:	6,00-15,00 € je Einheit,
Mittel gegen Zecken und Flöhe:	6,00-12,00 € je Einheit,
Einschläferung:	20-70,00 €,
Tierkrankenversicherung (freiwillig):	14,00-40,00 €.

*Alle genannten Kosten sind nur ungefähre Richtwerte. Es wurde sich nach den aktuellen Preisen gerichtet, als der Ratgeber entstand. Eventuell sind die tatsächlichen Werte je nach Wirtschaftslage der Region etc. sehr verschieden. Außerdem wird keine Gewähr übernommen, dass alle Kostenfaktoren genannt wurden.

Ratsam ist es, einen Geldpuffer liegen zuhaben, um plötzliche Tierarztkosten zu bezahlen.

<u>Brauchen Perserkatzen Freigang?</u>
Perserkatzen haben einen nur geringen Jagdinstinkt und mögen es eher ruhig. Darum sind sie gute Wohnungskatzen.

Freigang muss nicht sein. In der Wohnung braucht die Katze einen Schlafplatz, einen Kratzbaum und einen Futterplatz. **Als Freigänger-Katze ist diese Rasse weniger geeignet.** Mit den kurzen Beinen, dem langen Fell und den geringen Kletterkünsten kann sie sich hier nicht gut bewegen. Schnell kann sie überfahren werden oder wird gebissen. Das bringt einen emotionalen und finanziellen Verlust. Zudem kann das Fell bei langhaarigen Freigänger-Katzen schnell verfilzen. Es würde dann noch mehr Pflege brauchen.

Also: Perserkatzen benötigen keinen Freigang.

<u>Eine oder zwei Perserkatzen?</u>

Katzen aller Art sind keine Einzelgänger. Oft halten sie jedoch Menschen allein. Durch eine nicht richtige Sozialisierung werden Katzen meist von Menschen zu Einzelgängern gemacht. Verbringt der Mensch viel Zeit mit dem Tier, ist eine Einzelhaltung nicht so schlimm. Allerdings kann kein Mensch einen tierischen Gefährten ersetzen. Für Berufstätige sind zwei Perserkatzen besser. Dies bedeutet natürlich höhere Kosten. Ebenso kann die Perserkatze mit

einer anderen Katze zusammenleben. Wichtig ist, dass die Katze der zweiten Rasse ein ruhiges Gemüt hat.

Perserkatzen erziehen

Kitten erziehen:

Perserkatzen benötigen in ihrem Leben eine gewisse Freiheit. Dennoch ist es wichtig, die Kitten richtig aufzuziehen. **Hierzu gehört es in erster Linie, die Kleinen nicht zu früh von der Mutter zu trennen.** Bis zur 12. Woche sollten sie bei ihr und den Geschwistern bleiben. Denn hier lernen die Kleinen ein gutes Sozialverhalten. Sie lernen sich zu putzen, richtig zu fressen und die Toilette zu nutzen. Ebenso testen sie ihren Körper und ihre Bewegungen. Übertreiben sie es, geht die Katzenmama dazwischen.

Ab dem Tag des Einzugs in das neue Heim gilt es den Kleinen Zeit zu geben. Ein ausreichendes Spielen, Füttern, Kuscheln und die Hygiene sind wichtig. Am besten bauen die Katzen zu der neuen Person ein tiefes Vertrauen auf. **Hat die Katze einmal keine Lust zum Spielen, ist dies zu akzeptieren.**

Hilfreich ist ebenso eine gute Struktur. Ein fester Platz der Toilette macht die Kleinen schnell stubenrein. Ebenso sollten sich Futter und Schlafplatz nicht immer ändern. Unverändert sollten auch die Futter- und Spielzeiten sein - es sei denn, die Katze hat zum Spielen gerade keine Lust.

Bild 12: Besonders als Babys wirken Perserkatzen niedlich. Sie sind dennoch zu erziehen.

Trotz alldem kann es immer wieder zu einem unerwünschten Verhalten kommen. Hier heißt es ein ausdrückliches „Nein!" zu sagen. Reicht dies noch nicht aus, kann ein Klatschen in die Hände helfen. **Zu Bestrafungen, Nass-**

spritzen und Liebesentzug sollte es jedoch nicht kommen. Das hilft in der Erziehung der Perserkatzen nicht. Immerhin würden die Tiere die Bestrafung nicht mit ihrem Verhalten in Verbindung bringen. Kommt es hart auf hart, kann ein Pusten in das Gewicht helfen. Es ähnelt einem Fauchen der Katzenmutter.

Erwachsene Perserkatzen erziehen:

Erwachsene Perserkatzen haben gewisse verinnerlichte Verhaltensmuster. Sie sind schwer umzuerziehen. Unmöglich ist es aber nicht. Bei der Erziehung ausgewachsener Katzen bedarf es **noch mehr Geduld.** Hinzu kommt eine **hohe Konsequenz.** Generell ist auf jedes Tier individuell einzugehen.

Eine Erziehung geschieht natürlich nicht ohne Grund. Einer kann sein, die Möbel zu schützen. Auch die Sicherheit des Tieres sollte nicht zu gering sein. Darum ist es wichtig, dass die Perserkatze weiß, dass der Bereich um den Küchenofen tabu ist. So kann ein Sprung auf das heiße Kochfeld mit Verbrennungen vermieden werden. Zudem kann die Erziehung zum Schutz der Menschen sein, etwa wenn die Katze beißt und kratzt. Bei Tieren mit schlechter Vorgeschichte können sogar Routinen wie das Füttern schwer sein.

Hier ist es wichtig, ein gutes Vertrauensverhältnis aufzu-
bauen. Dafür ist die Körpersprache der Katzen zu kennen.
**Eine falsch verstandene Körpersprache kann zu Konflikten
führen.**

Zudem muss eine Katze, die an Möbeln kratzt, nicht immer
falsch erzogen sein. Der Grund für ihr Verhalten ist manchmal ebenso Langeweile. Spielen und Schmusen kann sie
von anderen Gedanken abbringen. Hilft dies nicht ganz, ist
das Tier auf keinem Fall zu bestrafen. Da Katzen ihr
Fehlverhalten nicht einordnen können, würde dies nur die
Erziehung erschweren.

**Was bei der Erziehung der Perserkatzen nicht
hilft, ist:** brüllen, körperliche Gewalt, eine
fehlende Konsequenz, zu viel Druck und eine
zu geringe Zeit.

Bild 13

Katzenbedarf und -Einrichtung: Grober Überblick

Perserkatzen haben keinen großen Freiheitsdrang. Sie können als reine Wohnungstiere leben. Die Wohnung muss katzengerecht eingerichtet sein.

Was gehört zu einer katzensicheren Wohnung?

Eine katzensichere Wohnung besitzt **keine angekippten Fenster**. Hier kann das Tier rausfallen und in den Tod stürzen. Nicht immer landen Katzen sicher auf ihren Pfoten. Sollen die Fenster dennoch gekippt werden, gilt es ein Kippfenster-Schutzgitter anzubringen. Das gibt es schon ab wenige Euros zu kaufen.

Das Katzenklo:

Katzen sind sehr reinliche Tiere. Darum benötigen sie je Tier mindestens 1 Katzenklo, wenn sie in der Wohnung leben. Stress, Einsamkeit, aber ebenso ein nicht angepasstes Katzenklo können zur Unsauberkeit führen.

Die Katzenstreu:

Im Handel gibt es vielerlei Katzenstreu, von günstig bis teuer. **Zu den meistverkauften Arten gehören die Klumpstreu und die Hygienestreu.** Klumpstreu ist darum so beliebt, weil sie Flüssigkeiten bindet. Diese Brocken sind mit einem groben Sieb zu entfernen. Wiederum ist Hygienestreu öfter zu tauschen. Katzenstreu kann außerdem aus verschiedenen Materialien bestehen.

-Silikatstreu:

Silikat ist ein grobes Material mit guten Eigenschaften zur Geruchsbindung. **Es ist auch im Allergiker-Haushalt nutzbar.** Ein Vorteil ist, dass es kaum staubt. Nachteilig ist, dass diese Einstreu Menschen optisch nicht anspricht. Für Katzen ist die Konsistenz etwas ungewohnt.

-Holzpellets:

Der Duft von Holzpellets kann für Menschen angenehm sein. Hinzu besitzen Holzpellets gute Saugeigenschaften. **Nicht jede Katze mag aber die Struktur.** Eventuell verweigert das Tier sogar den Toilettengang.

Am Ende ist zu probieren, welche Einstreu bei der Katze am besten ankommt. Ebenso muss der Geruch den Menschen passen. Zu guter Letzt ist der Preis bedeutend. Teure Einstreu kann ergiebiger und somit besser sein als die Günstige. Beim Testen ist außerdem dem Tier Zeit zu gegeben. **Einige Katzen brauchen Wochen, um sich an eine neue Einstreu zu gewöhnen.** Wird das Gewohnte gewechselt, sollte das neue Material anfangs nur wenig und mit der Zeit immer mehr daruntergemischt werden.

Katzenhalsbänder:

Solche **benötigen** Perserkatzen **nicht unbedingt**. Denn sie eignen sich besonders bei Freigänger-Katzen oder bei Katzen, mit denen spazieren gegangen wird. Sollte dies auf die Perserkatze zutreffen, können sie nötig sein.

Katzengeschirr:

Mit einem Katzengeschirr können Mensch und Katze Ausflüge unternehmen. **Bei erwachsenen Persern ist dies oft nicht notwendig.** Gegebenenfalls kann es für neugierige Kitten interessant sein. Im Gegensatz zum Halsband wird der Hals entlastet. Die Zugkraft ist auf den Oberkörper

verlagert. **Außerdem bietet ein Katzengeschirr Transportsicherheit.** Die Katzen können bei viel Aufregung in der Transportbox befestigt werden. Wird die Box geöffnet, können sie nicht weglaufen.

Katzenbetten:

Für Perserkatzen ist schlafen und ausruhen wichtig. Darum brauchen sie einen gemütlichen Rückzugsort. Das kann ein Katzenbett sein. **Als klassische Form gilt der Katzenkorb.** Er besitzt ein Kissen und einen Korb aus Rattan, Korbgeflecht, Tau oder Ähnlichem. Das Material muss **kratzfest** sein. **Weiterhin gibt es das Katzeniglu.** Hier sind die Seiten komplett geschlossen, was für ein Gefühl von Sicherheit und Geborgenheit sorgt. **Der Katzendonut** erinnert wiederum an einen Donut. Seine Seitenwände sind etwas höher als bei einem Katzenkorb und weich. Die Tiere können sich gut einrollen. Bei den Katzenbetten wird außerdem in Indoor und Outdoor unterschieden. Da Perserkatzen, die meiste Zeit ihres Lebens normalerweise innen verbringen, **benötigen sie Indoor-Katzenbetten.**

-Was ist beim Kauf wichtig?

Schon beim Kauf ist darauf zu achten, dass das Katzenbett eine **gepolsterte Liegefläche** besitzt und diese **leicht zu reinigen ist**. Oft kann der Bezug abgenommen und bei 30 °C gewaschen werden. Manchmal ist ebenso das Kissen waschbar. Vor der nächsten Nutzung sollte es wieder getrocknet werden. Das Kissen darf ebenso nicht zu dünn sein. **Je schwerer die Katze ist, desto dicker muss das Kissen ausfallen.** Nur so bleibt es kuschelig. Des Weiteren darf das Bett nicht zu klein sein. **Gerade für Perserkatzen ist ein großes Produkt zu nutzen.** Ideal ist auch ein rutschfester Boden. Weniger wichtig ist meist die Form.

-Welches Material?

Bei Katzenbetten ist es angebracht, dass das Material behaglich, flauschig, weich und pflegeleicht ist. Ebenso wichtig ist, dass es gewaschen werden kann und das Kratzen aushält. Als Stoffe für den Überzug werden etwa Polyester oder Baumwolle genutzt. Sie sind gut waschbar. Soft-Frottee oder Velour-Stoff sind wiederum weich, einfach abzuwischen und wirken edel.

<u>Katzenbürsten und andere Pflegeprodukte:</u>

Mit Katzenbürsten werden lose Haare und Schmutz aus dem Fell entfernt. **Für die Fellpflege bei Perserkatzen ist sie unentbehrlich. Weitere notwendige Pflegeprodukte sind**: Katzenscheren, Handschuhe, Kämme, Krallenscheren, Shampoo, Zeckenzangen etc.

<u>Katzenhöhlen:</u>

In Katzenhöhlen haben Perserkatzen ihre komplette Ruhe. Sie sind kuschelig und schirmen von der Umgebung ab. Durch eine kleine Öffnung kommen die Tiere rein und raus. **Vor allem bei der Eingewöhnung in eine neue Wohnung können sie den Tieren Sicherheit bieten.** Aber auch später werden sie gern aufgesucht, etwa zum Schlafen oder zum Putzen. Abhängig ihrer Bauart und des Materials sind sie gleichzeitig zum Spielen oder zum Kratzen zu nutzen.

-Was ist beim Kauf wichtig?
Damit die Höhle gut ankommt, sollte sie **weich und kuschelig** sein. Dies bedeutet, weiche Höhlenwände, flexibles Material und eine bauschige Füllung.

Außerdem muss die **Reinigung einfach erfolgen können und die Größe stimmen.** Ebenso bedeutsam ist eine **robuste Verarbeitung.** Wer nicht nur eine Katzenhöhle möchte, sondern ebenso Spielzeug, muss auf Extras achten.

-Welches Material?
Katzenhöhlen können aus Holz, Filz, Weide, Rattan, Wasserhyazinthe, Kunststoff, Textilgewebe oder Sisal sein. Es sollte robust und pflegeleicht ausfallen.

Katzennäpfe:
Eine hygienische und ruhige Futterstelle ist für Perserkatzen wichtig. Zu ihr gehören Katzennäpfe für Futter und Wasser. Jede Katze sollte mindestens einen separaten Futter- und Wassernapf besitzen.

Katzenspielzeug:
Perserkatzen bewegen sich nicht gern. Um nicht übergewichtig zu werden, bedarf es aber körperliche Strapazen. Für diese speziellen Tiere reicht dafür das Spielen aus. Um Perserkatzen zum Spielen zu motivieren, sollte es verschiedenes Spielzeug geben. Aber nicht immer sollten die Tiere

auf das Gleiche zurückgehen können. Damit es nicht langweilig wird, ist mal das eine und mal das andere Spielzeug anzubieten.

Bild 14: So wild spielen Perserkatzen nicht. Dennoch ist die Bewegung für sie wichtig.

Kratzgegenstände:

Wie alle Katzen haben auch Perserkatzen einen Kratzbedarf. Damit beseitigen sie abgestorbene Krallenkappen und markieren ihr Revier durch die Kratzspuren. Sollen sie nicht die Möbel zerkratzen, benötigen sie mindestens **pro Katze einen Kratzbaum, ein Kratzbrett oder einen Kratzstamm.**

Transportboxen:

Perserkatzen verreisen nicht gern. Eine Transportbox kann dennoch sinnvoll sein. Zum Beispiel ist sie bei einem Tier-

arztbesuch nutzbar. Zu den klassischen Transportboxen gehören Kunststoffboxen mit vergitterter Tür oder einem vergitterten Deckel. Am besten besitzen diese Boxen **mehrere Öffnungen für einen guten Luftaustausch**. Körbe aus Rattan oder Weide mit Gittertüren werden ebenso zum Transport genutzt. Zudem gibt es Boxen für zwei Tiere und einige Ausführungen lassen sich zusammenklappen.

-Was ist beim Kauf wichtig?

Transportboxen für Perserkatzen dürfen **nicht zu klein** sein. Die Katze sollte sich ohne Probleme hineinlegen und aufrecht darin stehen können. Außerdem ist beim Kauf auf die Gewichtsangabe zu achten. Sie gibt an, wie viel Belastung das Material aushält. Genauso ist es notwendig, dass sich die Box **sicher verschließen lässt** und **reichlich Belüftungsfenster besitzt**, durch die eine Katze nicht ausbrechen kann. Im Zusammenhang mit dem Nichtausbrechen ist eine Befestigung eines Katzengeschirrs oder eines Katzenhalsbandes über einen **Karabiner** angebracht. Nicht zuletzt muss die Box einen rutschfesten Boden besitzen. So ist sie sicher abzustellen.

-Welches Material?

Eine Katzenbox sollte robust, stabil und einfach zu reinigen sein. In ihr darf sich eine waschbare Polsterung befinden. Einfache Boxen bestehen aus Kunststoff. Sie werden bei einer Autofahrt mit dem Sitzgurt befestigt.

Der Schlafplatz:

Perserkatzen mögen es bequem. Darum darf eine Kuschelhöhle nicht fehlen. Gern angenommen wird außerdem ein Platz auf der Heizung.

Mehr zum Katzenklo

Bild 15: Bei der Haltung von Katzen ist das Katzenklo ein wichtiger Gegenstand.

<u>Das richtige Katzenklo wählen:</u>

Die Auswahl des richtigen Katzenklos ist nicht leicht. Manche Modelle sind groß, andere klein. Einige sind dreieckig, andere sind mit oder ohne Haube. Während des Kaufes wird am nicht nur auf die Optik geachtet. Wichtig ist, dass die Perserkatze ihre Toilette annimmt. Weil Perserkatzen mittelgroß bis groß sind, sollte auch die Toilette nicht zu klein sein. Die Katze muss sich darin strecken und in der Einstreu scharren können. Bezüglich, mit oder ohne Haube ist eine Haube für ängstliche Tiere geeignet. Alle anderen wünschen sich meist eine offene Toilette. Mit Haube bilden sich schnell wenig angenehme Gerüche.

Benutzt eine Perserkatze ihr Katzenklo nicht, kann es auch an der Form liegen. Eck-WCs und kompakte Formen werden weniger gern angenommen.

Wichtig bei der Katzentoilette ist weiter, dass sie einen ausreichend hohen Rand besitzt. Auf diese Weise fällt keine Einstreu hinaus. Natürlich müssen die Perserkatzen über den Rand kommen. Besonders bei Kitten darf er darum nicht zu hoch sein. Bei einigen Arten gibt es einen hohen Rand mit einem niedrigen Einstieg.

<u>Wie viele Katzenklos soll es geben?</u>

Da Perserkatzen meist keine Freigänger-Katzen sind, wird **für jedes Tier mindestens 1 Katzenklo** geraten. Gern dürfen es auch zwei sein. Manche Katzen verrichten ihre Stuhlgänge gern an verschiedenen Orten.

<u>Wo ist ein guter Platz?</u>

Damit das Katzenklo genutzt wird, muss der Standort stimmen. **Die Katze darf sich bei Nutzung nicht gestört fühlen.** Darum sind geschützte Räume und Zimmerecken gut. Gleichzeitig ist zu bedenken, dass es schnell zu unangenehmen Gerüchen kommen kann. Wohn- und Schlafzimmer sind darum nicht angemessen. Ebenso wichtig ist, dass das Katzenklo für das Tier **gut zugänglich** ist und **nicht gleich neben der Futterstelle** steht.

Mehr zu den Katzenhalsbändern

Wird mit der Perserkatze spazieren gegangen, eignet sich ein Katzenhalsband.

<u>Vorteile:</u>

Katzenhalsbänder:

-mit GPS helfen, das Tier zu orten.

-die reflektieren, machen die Tiere im Dunkeln sichtbar. So ist die Gefahr weniger, von einem Auto überfahren zu werden.

-mit Name, Adresse und Telefonnummer helfen, wenn das Tier in einem anderen Haushalt ansässig geworden ist, das richtige Herrchen oder Frauchen wiederzufinden.

-mit Glocke zeigen akustisch, wo das Tier gerade ist.

-mit der Aufschrift „Bitte nicht füttern", schützen vor dem Füttern von Fremden.

-mit Leine sorgen dafür, dass die Katze etwa das Grundstück nicht allein verlassen kann. Bei Gebieten mit viel Verkehr kann das zur Sicherheit sein.

-die extra entwickelt wurden, können gegen Zecken und andere Tierchen helfen.

<u>Was ist beim Kauf wichtig?</u>

Wer für die Perserkatze ein Halsband kaufen will, sollte auf

einen **Sicherheitsverschluss** achten. **Ein hochwertiger Verschluss öffnet sich, sobald das Tier am Halsband zieht.** Das dient zur Sicherheit. Damit kann sich die Perserkatze selber befreien, wenn sie einmal wo hängen bleibt. Zudem sollte das Halsband stufenlos verstellbar sein, damit es gut eingestellt werden kann. Zur gleichen Zeit ist Schlupfsicherheit wichtig. **Die richtige Größe hat das Katzenhalsband, wenn am Kehlkopf des Tieres und im Nacken zwei Finger übereinander dazwischen passen.** Je nachdem, wofür das Halsband speziell genutzt wird, muss es noch Glöckchen, Reflektoren, Anhänger etc. besitzen.

<u>Welches Material?</u>

Wichtig ist, dass das Material geschmeidig und weich ist. Auch sollte es pflegeleicht, robust und langlebig sein. Genutzt werden können:

-**Leder und Kunstleder:** Es ist weich, geschmeidig, oft stufenlos verstellbar und schmal geschnitten.

-**Nylon und Polyester:** Diese Stoffe sind robust und leicht zu reinigen. Außerdem reflektieren sie oft gut.

-**Baumwolle:** Solche Waren sind weich und bestehen aus einem Naturstoff.

Mehr zu den Katzengeschirren:

Wer für seine Perserkatze ein Katzengeschirr nutzen möchte, muss darauf achten, dass dieses für Langhaar-Katzen geeignet ist. Auch muss es dem Hals- und Bauchumfang entsprechen.

<u>Was ist beim Kauf wichtig?</u>

Kauft jemand ein Katzengeschirr, ist die **Ausbruchssicherheit** nicht unbedeutend. Spätestens nach dem Anlegen ist darauf zu achten, ob die Katze nicht hinausschlüpfen kann. In diesem Zusammenhang ist die Größe bedeutend. Das Geschirr darf nicht zu groß und bei Perser-katzen auch nicht zu klein sein. Nach Möglichkeit ist es stufenlos einstellbar. Da Perserkatzen große Tiere sind, be-nötigen ausgewachsene Exemplare ein großes Katzenge-schirr. **Solche sind meist für einen Bauchumfang von 23-50 cm und für einen Halsumfang von 20-30 cm ausgelegt. Kitten tragen entsprechend kleinere Modelle.** Gegebenen-falls bedarf es einer Maßanfertigung.

Bei der richtigen Einstellung passen zwei Finger überein-ander zwischen Gurt und Hals. Der Bauchgurt ist über den

Rückensteg von dem Halsgurt getrennt. Er muss unterhalb des Brustkorbes liegen und festsitzen, damit er nicht über den Brustkorb rutscht. Gleichzeitig müssen selbst hier noch zwei Finger dazwischen passen. Auch ist ein bequemer Sitz erforderlich, mit reichlicher Elastizität, leichten und schmalen Gurten, einem geringen Gewicht und guter Polsterung. Immerhin sollen die Riemen nicht scheuern. Ebenso ist es förderlich, wenn das Katzengeschirr einfach anzulegen ist. **Der Verschluss muss schnell verschließbar sein**, da Per-serkatzen nicht ewig stillhalten. Die Tiere mögen es außer-dem nicht, wenn ihnen etwas über den Kopf gezogen wird. **Darum sollte sich der Verschluss am Hals vorne befinden**. Möchte jemand mit seiner Perserkatze im Dunkeln raus, sind Reflektoren angebracht.

Das Katzengeschirr anlegen:

Perserkatzen an ein Katzengeschirr zu gewöhnen, dauert oft lange. Vor dem richtigen Einsatz wird zu Trockenübungen geraten. Hier kommt das Tier langsam in Berührung mit dem Geschirr. Sobald es sich nach einiger Zeit daran gewöhnt hat, bekommt es das Geschirr umgelegt. Mit Ruhe werden die Verschlüsse geschlossen. Schon bald kann

es Erkundungen um das Haus geben, wenn die Katze dies mitmacht. Wichtig ist, auf positive Erlebnisse zu bauen.

Was ist eine Katzengarnitur?

Dies sind Sets, die aus mehreren Teilen bestehen: etwa Halsband/ Geschirr und Leine. Die Leine sollte mindestens 1 Meter lang sein.

Welches Material?

Damit Katzengeschirre robust und leicht sind, wird etwa Nylon oder Polyester genutzt. Dessen Reinigung ist einfach und es versteift nicht. Zudem sollten die Karabiner und Ösen nicht stark in das Gewicht fallen. Besonders Metall kann schwer sein. Wird dieses dennoch genutzt, ist auf Rostfreiheit Wert zu legen.

Mehr zu den Katzenbürsten und anderen Pflegeprodukten

Katzen genießen das Bürsten oft. Dieses Bürsten ist auch für die Pflege wichtig. Dafür gibt es Massagebürsten oder

Massagehandschuhe. Sie beugen Parasiten vor, es gelangen weniger Haare in den Katzenmagen und sie fördern die Mensch-Tier-Beziehung.

Welche Katzenbürsten gibt es?

Die Auswahl an Bürsten, Handschuhen, Kämmen, Krallenscheren, Shampoo, Zeckenzangen etc. ist groß.

Die Bürsten sind für Perserkatzen eine Pflicht. Mit ihnen werden Parasiten entdeckt und Knoten gelöst, was Verfilzungen verhindert.

Die **Unterfellbürsten** dürfen bei keiner Ausstattung fehlen. Sie lichten das Unterfell der Katze und werden besonders beim Fellwechsel eingesetzt. Ersatzweise können diese Aufgabe **Zupfbürsten** übernehmen. Was Unterfellbürsten so besonders macht, sind ihre Metallzinken. Mit ihnen lässt sich die Unterwolle einfach hinaus bürsten.

Um Verfilzungen zu lösen und die Haut nicht zu reizen, eignen sich **Softbürsten**. Während Softbürsten weiche Borsten besitzen, sind Pflegebürsten eine ratsame Ergänzung zu Zupfbürsten.

Als **Pflegebürsten** gelten ebenso **Pflege- oder Gummistriegel**. Mit diesen Bürsten werden die losen Haare aufgebürstet.

Lässt sich eine Katze nicht so gern bürsten, helfen **Katzen-bürsten-Handschuhe.** Dies sind Handschuhe mit verschieden großen Noppen. Genutzt werden sie zum Beispiel mitten im Spielen, um die Fellpflege nebenbei einzubeziehen.

Ebenso geeignet sind **Katzenkämme.** Ihre Zinken sind am besten nicht zu hart und nach vorn abgerundet. So gleitet der Kamm beim Kämmen angenehm durch das Fell. Dabei werden Verknotungen bei langhaarigen Katzen entfernt.

<u>Welche weiteren Pflegeutensilien gibt es?</u>

Weitere Pflegeprodukte sind **Katzenscheren.** Damit sind die Krallen zu kürzen und die Tiere bleiben nicht hängen. Nutzt die Katze ihre Krallen anderweitig ab, etwa am Kratzbaum, ist die Schere nicht oder nur selten zu nutzen. Weil besonders Perserkatzen oft unter Verknotungen und Verfilzungen leiden, kann es angemessen sein, das Tier zu waschen. Hierfür eignen sich spezielle **Katzenshampoos.** Sie machen das Fell wieder kämmbar. Erweisen sich die Haare als zu lang, sind sie mit einem Trimmmesser zu kürzen.

Was ist beim Kauf wichtig?

Zuerst einmal ist die richtige Bürste zu wählen. Für Perserkatzen eignen sich Katzenkämme und Unterfellbürsten mit dünnen, abgerundeten Edelstahlborsten und Katzenbürsten mit Gumminoppen oder Katzenhandschuhe. Während Erstere das lose Fell hervorholen und Verknotungen lösen, wird es mit Letzteren zusammengekämmt.

Bei Jungtieren sind kleinere Bürsten mit weichen Noppen ratsam. So werden sie langsam an das Bürsten gewöhnt.

Damit dem Halter bzw. der Halterin das Bürsten nicht lästig wird, ist auf einen ergonomischen Griff zu achten. Die Bürste sollte gut und rutschfest in der Hand liegen.

Auch eine einfache Reinigung ist angebracht. Am besten handelt es sich um selbstreinigende Bürsten. Bei ihnen werden die Haare durch einen Druck abgestreift.

Welches Material?

Katzenbürsten sollten robust und langlebig sein. Je nach Bürstenart besitzen sie etwa Edelstahlborsten. Sie sind dünn und einfach zu reinigen. Weich, langlebig und robust sind außerdem Gumminoppen. Der Griff einiger Bürsten ist mit Kunststoff umgeben.

Mehr zu den Katzennäpfen

Herkömmliche Näpfe können sehr verschieden sein. Sie haben verschiedene Größen und Materialien. Hinzu kommen unterschiedliche Formen und Farben.

Außerdem werden **Doppelnäpfe** angeboten. Diese bestehen aus einem Futternapf und einem Wassernapf. Wer nicht zwei einzelne Tiernäpfe kaufen will, sollte den Doppelnapf nutzen.

Bei **Futterstationen** werden wiederum 3 oder 4 Näpfe mit Halterung geliefert. Sie heißen auch Futterbar. Bei großen Futterstationen können mehrere Tiere fressen. Bei einzelnen Tieren können verschiedene Futtersorten angeboten werden. Ebenso als Futterstation bezeichnet sind Näpfe, die sich zu mehreren auf einer Unterlage befinden.

In einem **Katzennapf mit Deckel** können hingegen Futterreste aufbewahrt werden. Der Deckel verhindert Gerüche und hält das Futter frisch.

Bei gierigen Essern hilft ein **Anti-Schling-Napf**. Er sorgt für eine langsame Futteraufnahme und verhindert Verdauungsprobleme.

Was ist beim Kauf wichtig?

Futternäpfe müssen **einfach in der Reinigung** sein. Einige Näpfe eignen sich zum Säubern in der Spülmaschine. Angemessen ist zudem ein **rutschfester Boden**. Damit wird kein Futter und kein Wasser verschüttet. Auch die Höhe ist wichtig. Perserkatzen gehören zu den flachen Schnauzen, weshalb sie einen **flachen Futternapf** benötigen. Im Umfang ist der Napf am besten so groß, dass eine Futterportion hineinpasst.

Welches Material?

Katzennäpfe gibt es aus Edelstahl, Keramik, Metall, Silikon, Melamin, Kunststoff, Porzellan und Holz. Holz ist schwer zu reinigen und daher nicht ratsam. Melamin, Silikon und Edelstahl eignen sich besonders. Sie sind stoßfest, kratzfest und spülmaschinengeeignet. Auch rostet Edelstahl nicht so schnell und es kann keine Risse bekommen.

Muss eine Napfunterlage sein?

Beim Futtern und Trinken kann immer etwas danebengehen. Um die Wohnung zu schützen, ist eine Napf-Unterla-

ge geeignet. Sie besteht etwa aus rutschfestem und leicht abwaschbarem Silikon.

Mehr zum Katzenspielzeug

<u>Was gibt es an Katzenspielzeug?</u>

-**Eierkartons und leere Küchenpapierrollen**: Schon solche Sachen können für Katzen interessant sein.

-**Intelligenzspielzeug**: Mit Konzentration und Kreativität muss sich die Katze das Futter selbst erarbeiten.

-**Katzentunnel**: Gern kriechen oder rollen Katzen durch einen Katzentunnel. Einige Tunnel besitzen Extras wie hängende Plüschteile.

-Mit **Bewegungsspielzeug** kann versucht werden, den geringen Jagdtrieb der Perserkatzen zu wecken. Darunter zählen Spielzeugmäuse, Katzenbälle, Katzenangeln oder Spielzeug mit elektrischem Antrieb.

-**Kratzspielzeug** wie Kratzbäume lassen Katzen ein natürliches Verhalten leben. Weiterhin verhindert es, dass Teppiche, Möbel und Tapeten zerkratzt werden.

-**Kuschelspielzeug:** Mit Kuscheltieren wie Spielmäusen, Vögeln, Fische kann der Spieltrieb geweckt werden. Einige Katzen tragen solche Sachen gern herum.

Was ist beim Kauf wichtig?

Schon beim Kauf ist darauf zu achten, verschiedenes Spielzeug zu erwerben. Gern darf es welches sein, bei dem sich die Tiere allein beschäftigen dürfen. Genauso ist Spielzeug ratsam, bei welchem ein Mensch mitmacht. Außerdem ist auf ein robustes Material zu achten. Scharfe Kanten sollte es nicht geben.

Welches Material?

Ein gutes Katzenspielzeug besteht aus hochwertigem Material. Gern dürfen es Stoffe wie Korbgeflecht, Sisal, Holz, Plüsch oder Pappe sein. Ähnlich ist es mit Kunstfell. Zum Herstellen von Katzenspielzeug muss das Material sicher und pflegeleicht (oder das Spielzeug einfach zu ersetzen) sein.

Katzenspielzeug selbst machen: Futterkarton:

Katzenspielzeug muss nicht immer gekauft werden. Auch selbst sind manche Spielzeuge gemacht, wie etwa der Fut-

terkarton. Für ihn wird ein leerer Pappkarton genutzt und Löcher hineingeschnitten. Leckereien, Bälle, Glöckchen landen nun im Karton. Das Tier muss diese Sachen mit der Pfote herausfischen.

Katzenspielzeug selbst gemacht: Spielangel:

Auch eine Spielangel muss nicht gekauft werden. Ein stabiler Holzstab, an dem eine Schnur und einige Federn oder ein Papierknäuel befestigt wird, reichen aus.

Einfaches Katzenspielzeug: Socken:

Manchmal finden es Katzen interessant, mit einem Knäuel-Socken zu spielen. Genauso können die Socken mit Baumwolle oder anderen weichen Stoffen gefüllt werden. Zeigt das Tier kein Interesse, lohnen sich einige Baldriantropfen oder getrocknete Katzenminze in der Füllung.

Was ist kein gutes Spielzeug?

Beim Spielen ist die Sicherheit nicht zu vergessen. Deswegen ist das bekannte **Wollknäuel** nicht geeignet. Hier-an kann sich die Katze strangulieren. Wiederum besteht eine Erstickungsgefahr beim Spielen mit **Plastiktüten**. Ge-

fährlich können außerdem **Farbstoffe, Klebstoffe** oder **verschluckbare Kleinteile** sein.

Mehr zu den Kratzgegenständen:

Damit die Perserkatze nicht die Möbel zerkratzt, sollte sie einen Kratzbaum, ein Kratzbrett oder einen Kratzstamm nutzen können. Bei mehreren Katzen sind mehrere Kratz-

Bild 16: Alle Katzen brauchen eine Kratzmöglichkeit, auch Perserkatzen.

bäume etc. notwendig. So wird ein Konkurrenzkampf vermieden.

Der Kratzbaum:

Der Kratzbaum heißt auch Katzenbaum. Er gehört zur Grundausstattung bei der Katzenhaltung. **Besonders für Katzen, die drinnen sind, ist er wichtig.** Hier können die Tiere ihr Revier markieren und gleichzeitig ihre alten Kral-

lenhülsen entfernen. Auf ihn kann auch geklettert und geruht werden. Letzteres machen besonders Perserkatzen gern, wobei das vorherige Raufklettern auch gleich wichtige Bewegung bringt.

-Was ist beim Kauf wichtig?

Kratzbäume gibt es in großer Vielfalt. Menschen richten sich beim Kauf meist nach der Optik. Allerdings sind andere Faktoren nicht zu vergessen. Etwa sollte der Kratzbaum eine **bequeme Liegefläche** besitzen. Hinzu kommen eine **Kratzstelle, Klettermöglichkeiten** und eine **Katzenhöhle.** Auch muss die Größe zum Alter des Tieres passen. Für Kitten bedeutet es, einen kleinen Kratzbaum zu wählen. Für erwachsene Perserkatzen darf es ein deckenhoher Kratzbaum sein. Solche besitzen dicke Stämme und eine Bodenhalterung.

-Welches Material?

Beim Stamm dieses Gerätes ist **robustes Material** bedeutsam. Es kann Sisal sein. Ebenso geeignet ist Wellpappe. Diese ist besonders stabil und funktionell. Als langlebig gelten ebenso Kratzbäume aus Naturholz.

-Der richtige Standort:

Katzen haben gern alles im Blick. Darum sollte der Kratzbaum im Wohnzimmer stehen. Ein fensternaher Platz ist
ebenso gut. Obendrein sollten sich andere Möbelstücke
etwas entfernt befinden, damit die Katze nicht hieran
herum-kratzt. Auch auf dem Balkon kann ein Kratzbaum
stehen, wenn der Balkon mit einem Netz gesichert ist.

Der Kratzstamm:

Der Kratzstamm hat eine einfache Konstruktion. Es ist ein
dicker Faserstamm.

-Was ist beim Kauf wichtig?

Beim Kauf ist auf viel **Robustheit** zu achten. Es dürfen
ebenso Spielbälle vorhanden sein. Damit wird die Benut-
zungsfreude vergrößert. Auch Sitzgelegenheiten für die
Katze sind gut. Immerhin beobachten Katze meist das
Geschehen der Mitwelt von oben. **Beim Kratzen und Klettern darf der Kratzstamm nicht umfallen.** Für einige Modelle gibt es darum Wandfixierungen. Sie müssen meist zusätzlich erworben werden. Manchmal können auch sepa-

rate Kuschelhöhlen oder Katzenbetten an den Kratzstamm gebaut werden.

-Welches Material?
Genutzt wird für einen Kratzstamm oft der Stoff Sisal-Agave. Dieser gilt als robust. Er ist bei 30 °C waschbar. Wandhalterungen bestehen wiederum aus Metall.

Das Kratzbrett:
-Welches Material?
Meist bestehen Kratzbretter aus Holz und Stoff (Sisal).

-Was ist beim Kauf wichtig.
Gleich zu Beginn ist auf die Montage zu achten. Es existieren manche schweren Kratzbretter, die ohne Wandmontage auskommen. Andere Modelle sind zu befestigen. Einige können auch hingelegt werden. Solche heißen unter anderem **Kratzmatten.** Bei allen Kratzbrettern ist eine **robuste Verarbeitung** notwendig. Die Kratzfläche be-steht aus zähen Fasern.

-Die richtige Höhe:

Kratzbretter sind in einer Höhe anzubringen, welche die Tiere einfach erreichen. Besitzt die Katze schon die Angewohnheit, die Wände zu zerkratzen, ist bei den Kratzspuren exakt der richtige Platz.

-Kratzbaum oder Kratzbrett: Was ist besser:

Kratzbretter sind ein guter Ersatz oder eine gute Ergänzung zu einem Kratzbaum. Sie nehmen weniger Platz weg, was in kleinen Wohnungen angemessen ist. Allerdings bietet ein Kratzbrett nur die Kratzfunktion. Klettern, Verstecken oder Ausruhen ist bei ihm nicht möglich.

Perserkatzen füttern

Im Futter sind Katzen allgemein anspruchsvoll. Vor allem Langhaarkatzen wie Perserkatzen benötigen wichtige Nährstoffe über das Futter. Dieses muss verträglich sein und vom Tier angenommen werden. **Die Auswahl des richtigen Futters kann eine ganze Zeit dauern.**

<u>Nährstoffe für schönes Fell und Vitalität:</u>

Für Perserkatzen wird meist ein Futter mit Huhn- oder Lammfleisch geraten. Es kann Trocken- oder Nassfutter sein. **Trockenfutter** für Perserkatzen ist günstiger und einfacher zu lagern. Wiederum bietet **Nassfutter** den Tieren einen fleischigeren Genuss und hilft Tieren mit Harnwegproblemen und Nierenkrankheiten bei der Flüssigkeitsaufnahme. Nachteilig ist, dass es schneller verdirbt, etwas mehr kostet und vielleicht weniger Energie liefert. Zusätzlich können **Vitamine** und **Mineralstoffe** gegeben werden. Für ein schönes Fell soll ein rohes Eigelb 2 bis 3 x im Monat helfen. **Jedoch besteht hier die Gefahr einer Salmonellenvergiftung. Malzpaste**, die zu den Snacks zählt und alle paar Tage gegeben werden kann, hilft beim Ausscheiden verschluckter Haare. Ebenso halten **Nachtkerzenöl** und **Lachsöl** die Tiere gesund.

<u>Perser und Eiweiß:</u>

Da Perserkatzen Fleischfresser sind, **brauchen sie tierisches Eiweiß.** Diese Proteine werden in Aminosäuren verwandelt. Solche benötigen Katzen für ihr Leben. 22 Aminosäure-

typen stellen die Katzen selbst her. 11 weitere müssen sie aus der Nahrung aufnehmen.

Fette:
Fette helfen, den Stoffwechsel zu regulieren und stärken die Zellen.

Mineralien:
Fluor, Eisen, Kupfer, Magnesium, Kalzium gehören zu den notwendigen Mineralien. Sie sorgen für ein gutes pH-Gleichgewicht, halten den Nährstoffverbrauch auf und verbessern den Transport von Sauerstoff.

Vitamine:
Sie regulieren den Stoffwechsel und fördern das Wachstum.

Können Nass- und Trockenfutter gleichzeitig gegeben werden?
Ja. Während manche Perserkatzen besonders Nassfutter und andere besonders Trockenfutter mögen, vertilgen einige Tiere auch beides gern. In diesem Fall kann beides angeboten werden. Besonders das Nassfutter ist für Perser

geeignet. Dieses können sie leicht fressen und es liefert ihnen Flüssigkeit. Trockenfutter hat dafür Eigenschaften, welche die Kaumuskeln fördern und Zähne reinigen.

Wie groß ist geeignetes Futter?

Tiere mit kurzer Nase können das Futter nur über die Zunge auflesen. **Darum dürfen die Brocken nicht zu groß sein.**

Billigfutter oder Markenware?

In Billigfutter stecken meist Nebenprodukte wie Getreide. Es ist darum nicht angeraten. Auch Markenfutter ist nicht immer eine gute Wahl. **Wichtig ist, dass die Qualität hochwertig ist. Dies bedeutet unter anderem: kein Getreide, kein Mais, keine Chemie (BHA, BHT, Farbstoffe, PG) und dafür mehr als 60 % Fleisch.**

Perserkatzen wie oft füttern:

Perserkatzen bekommen 2-3 x pro Tag in kleinen Portionen Futter. Die empfohlene Futtermenge steht auf der Verpackung. Am besten werden die Fütterungszeiten immer eingehalten. Zudem sollte das Futter frisch und zimmer-

warm sein. Was die Tiere nach 60 Minuten nicht gefressen haben, wird am besten entsorgt.

Menschliche Fehler bei der Fütterung:
Sofern ein hochwertiges Futter gewählt ist, kann es noch zu diesen menschlichen Fehlern bei der Fütterung kommen:

-es wird zu viel gefüttert:
Manche Menschen denken, Katzen hören auf zu fressen, wenn sie satt sind. Das stimmt nicht immer. Darum ist der Napf erst wieder zur nächsten Fütterung aufzufüllen.

-es muss immer abwechslungsreich gefüttert werden:
Dies kann geschehen. Wenn das Hauptfutter hochwertig ist, muss das aber nicht sein.

-die Katze bettelt, hat noch Hunger:
Viele Katzen wollen damit nur Aufmerksamkeit, sind aber eigentlich satt. Damit das Betteln um Futter nicht zu nimmt, wird das Tier erst bei der nächsten Fütterung wieder gefüttert. Die gewollte Aufmerksamkeit kann die Katze durch Streicheleinheiten bekommen. Sofern sich nach den

Herstellerangaben gerichtet wird, ist Hunger eher nicht wahrscheinlich.

-je mehr Leckerli ich gebe, desto mehr liebt mich die Katze:
Dieser Gedanke ist falsch. Denn das Futter verbindet die Perserkatze nicht mit einer sozialen Aktivität.

<u>Wasser:</u>
Perserkatzen benötigen immer frisches und sauberes Wasser. Dieses verhindert, dass ihr Körper austrocknet, sie Blasenprobleme bekommen, nierenkrank werden und so weiter. Um sauberes Wasser zu gewähren, **darf der Trinknapf nicht neben der Katzentoilette stehen.** Manche Tiere sind trinkfaul. Sie sollten als Ausgleich Nassfutter bekommen.

<u>Nicht geeignetes Futter:</u>
Für Perserkatzen ist Folgendes nicht geeignet:

-Futter mit Kohlenhydraten,

-Getreide,

-Mais,

-„Nahrungsmittel" mit BHA, BHT, Farbstoffen und gerendertem Fett, PG/Propylenglykol.

Snacks:

Mit Snacks können Perserkatzen verwöhnt werden. Geschmacksrichtungen sind etwa Fisch, Huhn, Ente, Käse oder Rind. Auch bestehen die Leckereien viel aus Fleisch und Fisch. **Getreide und Zucker gehören hier nicht hinein.** Außerdem dienen Snacks immer nur zur Nahrungsergänzung. **Sie sind kein Alleinfuttermittel.**

Snacks gibt es als gefriergetrocknete Fleischwürfel, Pasten, Cremes oder Sticks. Sie besitzen auch reichhaltige Öle wie Lachsöl, was das Fell geschmeidig und glänzend macht. Nutzbar sind Snacks als Belohnung bei der Erziehung oder beim Spielen. Manche dienen der Zahnpflege, andere Snacks helfen der Verdauung. Des Weiteren stärken sie die Mensch-Tier-Beziehung.
Bei allen Vorteilen ist der Verzehr nicht zu übertreiben. Gegebenenfalls (damit das Tier nicht verfettet), wird die Leckerli-Menge am besten vom Hauptfutter reduziert.

Perserkatzen pflegen

<u>Fellpflege:</u>

Jeden Tag benötigen Haltende einer Perserkatze mindestens 15 Minuten Zeit, um diese intensiv zu bürsten. Dabei werden Verknotungen entfernt. Zudem sollten sich die Tiere eher drinnen aufhalten.

Bild 17: Bei Perserkatzen mit Freigang ist noch mehr Fellpflege nötig.

Beim Bürsten und Kämmen muss sich an die Wuchsrichtung gehalten werden. Gestartet wird beim Kämmen am Rücken. Es folgen Kopf, Hinterbeine, Vorderbeine, Innenseite der Beine und der Bauch. Der Schwanz wird nicht gekämmt.

Lässt die Katze das Kämmen ruhig über sich ergehen, kann das Bürsten erfolgen, auch am Katzenschwanz. **Schon als Welpe wird die Perserkatze am besten daran gewöhnt.** Wichtig sind dabei positive Erfahrungen. Außerdem sollte es alle **paar Monate ein Bad** geben. Um Knoten dabei zu entfernen, können Öle, Babypuder, Entfetter und Katzenshampoos zum Einsatz kommen. **Shampoos für Menschen eignen sich nicht.** Einige Leute hellen das Fell auf oder verstärken mit Spezial-Shampoo die Farbe. Ob das gut ist und sein muss, muss jede katzenhaltende Person selbst wissen. **Nach dem Baden sind ein Föhnen und Kämmen wichtig.**

Augenpflege:
Perser brauchen 2 x jeden Tag eine Reinigung der Augen mit Wattepads. Reinigungsmittel und Tropfen für Menschen dürfen nicht eingesetzt werden. Die Wattepads müssen abgekocht sein. Mit warmem Wasser werden die Augen und die Verkrustungen der Tränen abgetupft. Pro Augen können mehrere Wattepads nötig sein. Ein Pad darf nicht für beide Augen dienen.

Ohrenpflege:

Die äußeren Ohren können mit einem feuchten Tuch abgewischt werden. Eine Reinigung des Innenohres sollte nur ein Tierarzt/eine Tierärztin übernehmen.

Krallenpflege:

Mit dem richtigen Kratzzeug geschieht die Krallenpflege von allein. Wachsen dennoch die Krallen zu sehr, sind sie mit der Schere zu entfernen. **Dabei ist auf die Venen in den Krallen zu achten.**

Zahnpflege:

Um den Katzen keine Zahnprobleme zu bieten, müssen die Halter und Halterinnen die Zahnpflege übernehmen. Täglich dem Tier die Zähne zu putzen, ist aber schwer. Auch spezielles Zahnfutter und manche Snacks können helfen. Sie ersetzen aber nicht die Bürste und die Zahnpasta. **Zahnpasta für Katzen gibt es in der Tierhandlung und in der Tierklinik zu kaufen. Sie haben Fisch- oder Fleisch-Aroma. Zahnpasta für Menschen ist nicht für Perserkatzen gemacht.**

<u>Katzenklo reinigen:</u>

Das Katzenklo sollte immer sauber sein. **Darum muss jeden Tag der Kot entfernt werden.** Dafür eignet sich eine Kotschaufel bzw. ein Kotsieb. Wie oft die Streu ganz gewechselt wird, hängt von der Art ab. Meist ist es einmal pro Woche. Hierbei werden auch Kotreste und Urinstein entfernt, welches schlechte Gerüche bildet. Zur Reinigung wird heißes Wasser verwendet. **Spätestens nach zwei Jahren muss ein neues Katzenklo her.** Dieses ist am besten baugleich mit dem Alten, damit es von der Perserkatze garantiert angenommen wird.

<u>Weitere Pflege:</u>

Täglich sind Futter- und Wassernäpfe mehrmals zu reinigen. Zudem ist das Kuscheln und Spielen wichtig.

Gesundheit

<u>Augen:</u>

Perserkatzen leiden oft unter **verstopften Tränenkanälen.** Um sie zu umgehen, müssen die Augen mit Tüchern und

Wasser oder speziellen Tropfen gereinigt werden. Auch tritt manchmal eine **Verkrümmung der Netzhaut (progressiver Netzhautschwund)** auf. Diese Krankheit kann das Tier komplett erblinden lassen. Ebenso können die **Augenlider nach innen gedreht** sein.

Brachycephalie:
Diese Krankheit heißt auch Obere-Luft-Wege-Syndrom. **Symptome sind:** kleine Nasenlöcher, Atemnot, Fressprobleme, Nasenentzündungen, Rachenentzündungen, Probleme am Gaumen. Einige Tiere leiden dauerhaft hierunter, andere nur manchmal. Eventuell hilft eine Operation.

Ohrenerkrankungen:
Taubheit ist vor allem bei weißfelligen Tieren gegeben. **Ohrmilben** sind bei allen Farben möglich. Sie zeigen sich durch einen dunklen, rot-braunen, krustigen Belag und einem Kopfschütteln. Ohrmilben können zu Infektionen und Gehörschäden führen. Gegen sie gibt es Medikamente.

Harnwegerkrankungen:

Perserkatzen können **Blasenentzündungen** und **Blasensteine** bekommen.

Hauterkrankungen:

Tumore, **Mattenbrand** und **Seborrhoe** können vorkommen.

Hypertrophe Kardiomyopathie (HCM):

Das ist eine Herzerkrankung.

Hodenhochstand:

Das können Kater bekommen.

Polyzystische Nierenkrankheit:

Diese Krankheit kannist vererbbar. Sie lässt sich nicht heilen. **Etwa 50 % der Perserkatzen besitzen den Genfehler.** Schon in jungen Jahren kann er nachgewiesen werden. Um den Nachweis kümmern sich seriöse Züchter. Bei PKD bilden sich an den Nieren Zysten. Über die Jahre wachsen sie. Sie schaden den Nieren. Später magern die Tiere ab, erbrechen sich, trinken mehr, lassen mehr Harn und wer-den

apathisch. **Bei einer Nichtbehandlung erfolgt schnell der Tod.** Mit einer Behandlung kann dieser verzögert wer-den.

Würmer:

Perserkatzen, besonders Kitten, sind gegebenenfalls zu entwurmen. Dafür bekommen sie Tabletten, Pasten oder Spot ons.

Zahn- und Kieferprobleme:

Zahn- und Kieferfehlstellungen kommen manchmal vor. Bei Qualzuchten kann es **chronische Zahnfleischentzündungen** geben. Auch **Zahnstein** und **Plaque** auf den Tierzähnen kann eintreten.

Was beugt Krankheiten vor?

Krankheiten einer Perserkatze können nicht ausgeschlossen werden. Besonders im Alter treten viele Erkrankungen bei den Perserkatzen auf. Dennoch ist es ratsam:

-Perser nur von einem seriösen Züchter (oder aus dem Tierheim) **zu kaufen.** Seriöse Züchter legen Wert auf eine PKD-Untersuchung der Elterntiere. Nur mit zwei gesunden

Elterntieren züchten sie, weshalb PKD nicht vererbt wird. Außerdem ist bei ihnen das Umfeld sauber. Die Augen der Tiere tränen nicht und sie entsprechen dem Rassestandard. Die Liste des Rassestandards kann auf der Webseite von FIFé (Fédération Internationale Féline) nachgelesen werden.

-Gut auf die Hygiene zu achten.

-Das Tier gesund zu füttern und genug zu bewegen.

-Hin und wieder den Tierarzt aufzusuchen. Hier bekommt das Tier vorbeugende Impfungen und andere Untersuchungen.

Impfungen:

Gegen verschiedene Krankheiten werden Perserkatzen geimpft. Die **Grundimmunisierung für RCPT** (Rhinotracheitis, Calicivirurs, Parvovirus und Tollwutvirus) beginnt ab der 8. Lebenswoche. Die zweite Impfung erfolgt 4 Wochen nach der 1. Impfung, mit mindestens 12 Lebenswochen. Nach weiteren 4 Wochen kommt die 3. Impfung. Mit mindestens

15 Lebensmonaten, also 1 Jahr später, geschieht die 4. Impfung.

Die **Tollwutimpfung** bedarf es vor allem für Katzen mit Freigang.

Nach der Grundimmunisierung wird jedes Jahr gegen Katzenschnupfen, Tollwut, FIP und Leukose geimpft. Alle 2 Jahre gegen Katzenseuche.

Geimpft werden nur gesunde Perserkatzen. Parasiten sind vorher zu beseitigen. Darum werden die Tiere 14 Tage zuvor entwurmt.

<u>Wann bei Krankheit in die Tierarztpraxis?</u>
Sofern ein Gesundheitsproblem festgestellt wird, sollte dringend eine Tierarztpraxis mit dem Tier besucht werden. **Eine Selbstmedikation oder einfaches Abwarten kann alles schlimmer machen.**

Katzenbiss

Bild 18: Selbst eine niedliche Perserkatze kann beißen.

Dass eine Perserkatze den Menschen beißt, kann vorkommen. So ein Biss muss nicht böse gemeint sein. Dennoch kann er für Herrchen/Frauchen eine Gefahr. darstellen.

Warum beißt die Perserkatze:

Katzen beißen, weil es ein Urinstinkt ist. Viele Tiere können ihre Bisse kontrollieren. Ausnahmen sind aber möglich. So kann ein Tier etwa aus Reflex zu beißen oder einmal beim Spielen die Kontrolle vergessen. Beißt die Katze beim **Streicheln**, wurde sie vielleicht gekitzelt oder die Stelle ist berührungsempfindlich. Bei solchen Bissen zeigt das Tier oft Vorwarnungen, etwa einen zuckenden Schwanz oder eine spezielle Ohrstellung. Durch die Beobachtung des gesamten Tieres und entsprechendem Handeln kann dem

Biss vorgebeugt werden. Wird der Vierbeiner immer berührungsempfindlicher, kann dies auf eine Krankheit hindeuten. Ein anderer Grund ist der **Liebesbiss**. Manchmal beißen Katzen, weil sie sich sehr wohlfühlen, aus einer Übersprungshandlung.

Bisse während des Spiels gehören zum **Jagdinstinkt**. Auch wenn dieser bei Perserkatzen gering ausgeprägt ist, kann es immer hierzu kommen. Bei einem wilden Spiel können manche Tiere nicht zwischen Spielzeug und Menschenhand unterscheiden.

Beißen wegen Jagdinstinkt, starker Zuneigung oder Unaufmerksamkeit ist meist harmlos. Bisse können jedoch auch kraftvoll sein. Dann haben sie oft Schmerzen als Ursache oder Langeweile. Wird alles ausgeschlossen, dann möchte das Tier wohl einfach seinen Rang klarstellen.

Katzenbisse: Wie gefährlich sind sie?

Ein Katzenbiss kann für Menschen gefährlich sein. Es sind nicht die Zähne, sondern die Bakterien im Katzenspeichel, welche gefährlich sind. Mit ihnen kann es zu einer Infektion kommen. **Tetanus, Tollwut oder sogar eine Blutvergif-**

tung (Sepsis) sind möglich. Bei manchen Leuten kann zu einer **allergischen Reaktion** kommen.

<u>Wie lange dauert es, bis ein Katzenbiss heilt?</u>
Kleine Bisse heilen innerhalb weniger Tage, wenn es zu keiner Infektion kommt.

<u>Den Biss beobachten:</u>
Die Bissstelle wird am besten gut beobachtet. **Macht sich eine Infektion bemerkbar** (Stelle heilt nicht, Unwohlsein, Schüttelfrost, Fieber und so weiter) **ist ein Arzt aufzusuchen. Dabei ist der Katzenbiss zu erwähnen.**

<u>Reaktion nach Katzenbiss:</u>
Nach einem Biss gilt es, die Wunde zu desinfizieren. Auch ist es angebracht, sie mit einer Wundauflage oder einem Pflaster abzudecken. Größere Bisse sind auf alle Fälle einem Arzt mitzuteilen. Es hilft auch, ein Impfschutz gegen Teta-nus.

<u>So beißt die Katze nicht mehr:</u>
Wer keine beißende Perserkatze will, muss erst einmal die

Ursache des Verhaltens herausfinden. Denn ein Katzenbiss geschieht nicht ohne Grund. Beim Streicheln muss etwa auf die Warnsignale des Tieres gehört werden. Im Fall einer Krankheit verschwindet das Beißen mit dem Weggehen der Schmerzen.

Zudem müssen Kitten schon gegen das Beißen erzogen werden. Bei einem Biss muss darum ein eindeutiges „Nein!" kommen. Hinzu wird dem Tier direkt in die Augen gesehen. Die Stimme darf dabei mahnend erscheinen. Es sollte jedoch nicht geschrien werden. Genauso kann ein Klatschen helfen, wenn das Tier nicht zu schreckhaft ist. Bei sensiblen Tieren ist Ignoranz angebracht. Hier wird das Tier nach einem Biss zur Seite gesetzt und ca. 10 Minuten nicht beachtet. Die Katze schlussfolgert eine Ablehnung.

Perserkatzen-Zucht

<u>Wann werden Perserkatzen geschlechtsreif?</u>

Mit 11 bis 21 Monaten sind Perserkatzen geschlechtsreif. Die Geschlechtsreife zeigt sich an der „Raunze" bzw. „Rolligkeit". Die Katze ist in dem Moment sehr unruhig. Sie wälzt

sich herum, maunzt und schreit. Zudem uriniert sie viel. Die Paarungsbereitschaft dauert 10 Tage und heißt Östrus. Während dieser Zeit reiben die Tiere vermehrt den Kopf und vollziehen den Milchtritt. Milchtritt bedeutet, dass das Tier mit den vorderen Pfoten auf eine weiche Oberfläche tritt. Manche Katzen fressen in der Zeit weniger.

Wie oft werden Katzen paarungsbereit?
Meist sind Perserkatzen im Frühjahr und im Sommer rollig. Die längeren und wärmeren Tage verursachen dies. Fallen die Lichtstunden im Herbst unter 12 am Tag, nimmt der Paarungswille ab. Allerdings unterscheiden Katzen nicht zwischen natürlichem Licht und künstlichem Licht. Darum kann es bei Wohnungskatzen oder wenn die Frei-gänger-Katzen nicht gedeckt werden, weiter zur Rolligkeit kommen. Erfolgt ein Decken, passiert 24 bis 36 Stunden später der Eisprung.

Wie die Rolligkeit verläuft:
Die Rolligkeit besteht aus bis zu 2 Tagen der Vorbrunst (Proöstrus) sowie der Brunst (Östrus). Die genaue Dauer hängt von verschiedenen Einflüssen ab. Ausgelöst wird die

Rolligkeit durch längere Tage. Dabei wird ein folikelstimulierendes Hormon abgegeben. Dieses lässt Eizellen reifen und Östrogen wird hergestellt. Hier kann es schon zu Verhaltensänderungen kommen. Etwa wird die Katze anhänglicher und rollt mit dem Rücken über den Boden. Um die Aufmerksamkeit vom Kater zu bekommen, stößt sie nachts klägliche Rufe aus. Hinzu verströmt sie Valeriansäure. Dieses soll das Männchen anregen und anlocken. Der Deckakt ist noch nicht geplant.

Danach folgt die Brunst. Der Östrogenspiegel sinkt. Es macht sich ein unruhiges Verhalten breit. Die Katze wälzt sich, reibt den Kopf an Menschen oder Gegenstände und miaut noch lauter. **Ab dem 3 Tag kann der Deckakt kommen. Wohnungskatzen ohne Partner wollen in dieser Zeit gern weglaufen. Außerdem haben die Katzen dann weniger Appetit, schärfen vermehrt die Krallen und markieren ihr Revier.** Oft liegen die Tiere auf ihren Pfoten und strecken den Hintern nach oben. Dabei drückt sie die Rippen durch und tippelt mit den hinteren Füßen auf den Boden. Den Schwanz biegt sie zur Seite und zeigt ihr Hinterteil.

Was hilft dem Tier?

Eine rollige Perserkatze ist für Menschen nicht einfach zu ertragen. Auch für das Tier ist es immer wieder eine Umstellung. **Ist kein Nachwuchs geplant, sollte die Katze nach der Phase kastriert werden.** So lange ist sie von Katern zu trennen. Gegebenenfalls kann Ablenkung helfen, etwa ein neues Spielzeug. **Ebenso können wärmende Unterlagen, Bachblüten und Globuli dem Tier helfen.** Hier sollte ein Tierarzt zurate gezogen werden.

Geschlechtsreife Kater:

Kater sind erst später fortpflanzungsfähig. Bei Freigängern setzt der Drang eher ein als bei Wohnungskatzen. Perserkater brauchen etwa 2 Jahre, bis sie paarungswillig sind. Mit Einsatz der Pubertät markieren sie gern alles - vor allem Möbelstücke. Dazu geben sie vermehrt singende Töne von sich. Begegnet ihnen ein Weibchen, streiten sich manchmal mehrere Kater darum. Freigänger-Kater können zur Weibchen-Suche mehrere Tage unterwegs sein und das Fressen vergessen. Deswegen ist ihr Verhalten gefährlich. Im Gegensatz zu den Weibchen können die Männchen immer paarungswillig werden.

Annäherung:

Werben mehrere Männchen um eine Dame, kann es zu blutigen Kämpfen kommen. Auch wenn sich ein Kater der Kätzin nähert, hält die Umworbene Abstand. Nur zu einer gewissen Zeit wird der Deckakt geduldet. Wie sich die Katze für einen Kater entscheidet, ist nicht nachzuvollziehen. Vor dem Deckakt lockt die Katze den Auserwählten mit leisen Tönen an. Sie wälzt sich auf dem Boden. Dann kommt er näher und sie springt weg. Alles wiederholt sich.

Die Paarung:

Die Paarung ist für die Katze nicht angenehm. Immerhin wird sie vom Kater mit den Zähnen in den Nacken gebissen. Selber streckt sie den Hintern nach oben. Nach einigen heftigen Stößen dreht sich die Katze um und verpasst dem Kater einen Tritt. Der Geschlechtsakt ist für die Katze schmerzvoll. Die Schmerzen vergisst die Katze aber schnell. Schon kurz später ist sie für weitere Deckakte bereit. Dabei kann sie an verschiedene Kater kommen. Kitten aus einem Wurf können darum verschiedene Väter haben.

<u>Wann können Perser keinen Nachwuchs mehr bekommen?</u>

Nach der Kastration oder im hohen Alter (wenn die Wechseljahre kommen) hört die Fortpflanzung auf.

<u>Die Trächtigkeit:</u>

Katzen tragen etwa 63 Tage. An geröteten Zitzen ist die Befruchtung sichtbar. Mit fortschreitender Träch-tigkeit nimmt das Tier zu.

<u>Der Wurf:</u>

1 bis 2 Wochen vor dem Wurf werden die Katzen un-ruhig. Sie suchen einen Nestplatz. Das muss ein störungs-freier und dunkler

Bild 19: Kleine Perserkatzen sind nied-lich. Die Zucht ist aber gut zu bedenken

Ort ohne Zugluft sein. Hier bereiten die Tiere ein Nest vor. Nicht selten wird dieses am Ende nicht benutzt. **Nach 61 bis 70 Tagen beginnen die Wehen.** Die Körpertemperatur sinkt um 1 Grad ab und Milch wird produziert. Alle 60

Minuten treten die Wehen auf. Kurz vor dem Werfen sind es alle 30 Sekunden. Alle 15 Minuten wird ein Jungtier geboren. In Ausnahmefällen sind es bis zu 2 Stunden. Nach der Geburt legt die Katze die Kitten trocken. Sie beißt die Nabelschnur durch und stillt. **Insgesamt gebärt sie 4 bis 8 Kitten.**

Wann werden die Kitten von der Mutter getrennt?

Kitten müssen in ihren ersten Wochen viel lernen. Die Lehrerin ist ihre Mutter. Sie ahmen die Kitten nach. Zusammen mit den Geschwistern lernen die Kleinen das Sozialverhalten, das eigene Fressen und die Toilettenbenutzung. Auch testen die Kleinen ihren Körper aus. Spielen sie dabei zu wild, geht die Mutter dazwischen. Darum sollten Kitten nicht zu früh von Mutter und Geschwistern getrennt werden. **Maximal ab der 12. Woche ist die Trennung zu vollziehen. Seriöse Züchter geben die Tiere keinen Tag vorher ab.**

Kastration:

Eine Katze kann während ihrer Geschlechtsreife 3 x im Jahr mehrere Kitten auf die Welt bringen. **Unerwünschter Nachwuchs, markierte Möbel und Tierleid geschehen nach**

der Kastration nicht mehr. Bei der Kastration werden dem Weibchen die Eierstöcke entfernt. Sie zu kastrieren kostet mehr als beim Kater. Allerdings ist die OP keine große Sache. **Sie ist jederzeit möglich, wenn das Tier gesund und nicht rollig ist.**

Kastration oder Sterilisation?

Bei der Kastration werden dem Weibchen die Eierstöcke entfernt. Auch die Rolligkeit geschieht nicht mehr. Wiederum wird bei einer **Sterilisation** nur der Eileiter getrennt. Damit wird die Katze nicht mehr trächtig. Rollig wird sie dennoch. **Das sorgt für Stress.**

Zucht und Tierschutz:

Bei Perserkatzen gibt es viele Qualzuchten. Solche werden von Tierschutzorganisationen negativ verurteilt. Qualzuchten besitzen tränende Augen, eine zurückgesetzte Nase, Nasenentzündungen, Rachenentzündungen, Atemprobleme und Futterprobleme. Auch Taubheit und schwere Geburten machen den Tieren ein schwereres Leben.

Wer diese Tiere züchten möchte, setzt am besten auf Elterntiere, die im Rasseverband eingetragen sind. Eine tier-

ärztliche Begleitung und gutes Futter sind ebenso nicht erlässlich, für eine gute und gesunde Zucht.

Wenn Perserkatzen sterben

Perserkatzen können ihren Menschen mit den Jahren ans Herz
wachsen. Umso trauriger ist es, sie
irgendwann gehen zu lassen.
Stirbt das Haustier, müssen seine
Überreste irgendwo hinkommen.
Bei der Tierbestattung gibt es
mehrere Varianten.

Bild 20: Selbst Perser leben nicht unendlich.

<u>Perserkatze im Garten vergraben:</u>
Oft werden Haustiere im Garten bestattet. **Die gesetzliche Lage erlaubt, dass tierhaltende Personen ihr Heimtier auf dem eigenen Grundstück begraben dürfen. Weitere Voraussetzungen können im „Tierische Nebenprodukt-Beseitigungs-Gesetz" nachgelesen werden.** Unter anderem darf das Tier nicht an einer Seuche oder ansteckenden Krank-

heit gestorben sein. Ebenso darf das Grundstück nicht in einem Wasserschutzgebiet liegen und es dürfen sich keine öffentlichen Plätze und Wege nah befinden. **Weiterhin ist das Grab mindestens 100 cm tief auszuheben** und die Tierleiche mit mindestens 50 cm Erde zu bedecken. Auf öffentlichen Wiesen oder Feldern darf kein Tier beerdigt werden. Hier drohen Bußgelder.

Einäscherung: Urne mitnehmen:
Bei Perserkatzen kann es eine Einäscherung geben. Manchmal können die Menschen die Asche mit nach Hause nehmen und dort weiterhin in einer Urne aufbewahren.

Bestattung auf dem Tierfriedhof:
Hier werden Tiere beerdigt. Die Beisetzung und Grabmiete gehen aber ins Geld. Außerdem gibt es nicht überall einen solchen Friedhof.

Tierarzt übernimmt die Entsorgung:
Wurde die Perserkatze etwa eingeschläfert, kann der Tierarzt die Leiche entsorgen. In der Tierkörperbeseitigung wird das Tier zu Tiermehl oder Tierfett verarbeitet. Dafür wird

eine kleine Summe verlangt. Einige Tierärzte bieten ebenso die Einäscherung an.

<u>Mensch-Tier-Friedhöfe:</u>

Menschen und Tiere gemeinsam zu bestatten, ist möglich. Die Gemeinde oder die Friedhofsverordnung muss zustimmen. Die Tiere werden dazu eingeäschert. Die Menschen nehmen die Urnen mit nach Hause. Sie kommen später mit ins Grab. Stirbt der Besitzer eher, ist es möglich, das Tier nach ihm zu beerdigen. Dies ist rechtswirksam zuvor festzulegen.

Anhang

<u>Verwendete Links für den Text:</u>

- https://herz-fuer-tiere.de/haustiere/katzen/katzenrassen/die-10-beliebtesten-katzenrassen-von-britisch-kurzhaar-bis-siamkatze
- https://www.fressnapf.de/magazin/katze/rassen/perserkatze/
- https://de.wikipedia.org/wiki/Perserkatze
- https://dikdiks.de/tiere/katzen/perserkatze/kitten-erziehung/
- https://www.catplus.de/katzenrassen/perserkatze/#:~:text=Perser%20haben%20ein%20ruhiges%2C%20sanftes%20Wesen.%20Sie%20bevorzugen,sollten%20eigentlich%20dem%20Tier%20zuliebe%20nicht%20gez%C3%BCchtet%20werden.

(08, 09, 12) https://haustieretipps.de/perserkatze-steckbrief-und-tipps-fur-kaufen/#:~:text=Wenn%20Sie%20eine%20Perserkatze%20bei%20einem%20Z%C3%BCchter%20kaufen%2C,der%20Perser%3A%20Zu%20flacher%20oder%20zu%20hoher%20Sch%C3%A4del

- https://www.wirliebenhunter.de/katzen/katzensnacks/
- https://perser-silber.de.tl/Paarung-Und-Tr.ae.chtikeit.htm
- https://samtpfote.com/blogs/katzenwissen/paarungsverhalten-von-katzen
- https://www.katzen-fieber.de/koerperbau.php
- https://dikdiks.de/tiere/katzen/perserkatze/erziehung/
- https://www.tiermedizinportal.de/magazin/katzenklo-und-katzenstreu-das-mussen-sie-beachten/#:~:text=Eine%20wichtige%20Rolle%20spielt%20der%20Standort%20des%20Katzenklos%3A,sollte%20gut%20zug%C3%A4nglich%20sein.%20...%20Weitere%20Artikel...%20
- https://www.katzen-fieber.de/fortpflanzung.php
- https://de.wikipedia.org/wiki/Katzen
- https://www.haustier-radio.de/tier-ratgeber/perserkatzen-die-richtige-versorgung-pflege-und-erziehung.html#:~:text=Oftmals%20wird%20f%C3%BCr%20Perserkatzen%2

0au%C3%9Ferdem%20Futter%20empfohlen%2C%20dass,Katze%20fit%20und%20das%20Fell%20gl%C3%A4nzend%20zu%20halten.

- https://sneakergoes.com/de/welches-essen-essen-perserkatzen-der-ultimative-food-guide/
- https://herz-fuer-tiere.de/haustiere/katzen/verhalten-von-katzen/katzenklo-7-wichtige-tipps
- https://www.wirliebenhunter.de/katzen/katzenbetten/#:~:text=Um%20das%20passende%20Katzenbett%20auszuw%C3%A4hlen%2C%20sollten%20einige%20Punkte,in%20den%20Katzenkorb%20wagen.%20...%20Weitere%20Artikel...%20
- https://www.mein-haustier.de/magazin/was-tun-bei-einem-katzenbiss/
- https://www.purina.de/artikel/katzen/spielen/katze-beschaeftigen
- https://www.mein-haustier.de/magazin/katzenspielzeug-selber-machen/
- https://dikdiks.de/tiere/katzen/perserkatze/krankheit/
- https://dikdiks.de/tiere/katzen/perserkatze/krankheit/#:~:text=Erbkrankheiten%2C%20die%20bei%20Perserkatzen%20h%C3%A4ufig%20auftreten%201%20Herzkrankheit%3A,10%20Polypen%20im%20Rachenraum%20und%20in%20der%20Nase
- https://dikdiks.de/tiere/katzen/perserkatze/ernaehrung/
- https://dikdiks.de/tiere/katzen/perserkatze/training/
- https://www.zooplus.de/magazin/katze/katzenrassen/perserkatze
- https://www.zooplus.de/shop/katzen/kratzbaum_katzenbaum?magid=364
- https://www.zooplus.de/shop/katzen/kratzbaum_katzenbaum/kratzstaemme
- https://www.zooplus.de/shop/katzen/kratzbaum_katzenbaum/kratzbretter_sisalspielzeug
- https://wirliebenkatzen.com/katzenrassen/perserkatzen-siamesen/#:~:text=Perserkatzen%20sollten%20immer%20im%20Haus%20gehalten%20werden%2C%20um,sich%20ihr%20Fell%20verfilzen%2C%20was%20zu%20Haarballen%20f%C3%BChrt.
- http://www.der-richtige-kratzbaum.com/
- https://dikdiks.de/tiere/katzen/perserkatze/ernaehrung/
- https://www.welchesfutter.de/katzenrassen/perser/perser-katzenfutter/
- https://www.welchesfutter.de/katzenrassen/perser/kaetzchen/

- https://www.welchesfutter.de/katzenrassen/perser/perserkatzen-krankheiten/
- https://www.welchesfutter.de/katzenrassen/perser/pflege-haltung/
- https://www.tierfreund.de/perserkatze/#:~:text=Die%20Perserkatze%20ist%20eine%20sehr%20alte%20Rasse%2C%20wobei,zufolge%2C%20entstand%20die%20Rasse%20in%20Persien%20%28heute%20Iran%29.
- https://www.mein-haustier.de/katzenrassen/perserkatze/
- https://www.tierischehelden.de/perserkatze-charakter/
- https://www.katzen-fieber.de/anatomie.php#:~:text=%20die%20Organe%20der%20Katze%20%201%20Gehirn%3A%2C13%20Dickdarm%2C%2014%20D%C3%BCnndarm%2C%2015%20Harnr%C3%B6hre%20More%20
- https://www.katzen-fieber.de/verhalten.php
- https://www.welt-der-katzen.de/katzenhaltung/biologie/anatomie/innereorgane.html
- https://einfachtierisch.de/katzen/katzen-gesundheit/perserkatze-gibt-es-typische-krankheiten-75874
- http://haustierleben.de/was-sie-vor-dem-kauf-einer-perserkatze-beachten-sollten/
- https://kostenblick.de/was-kostet-eine-katze/
- https://www.schoener-wohnen-farbe.com/de/produkte/katalog/509962_cream/#:~:text=Cream%20ist%20ein%20harmonisches%20Beige%20mit%20einem%20Schuss,wei%C3%9Fen%20oder%20hellen%20M%C3%B6beln%20und%20nat%C3%BCrlichen%20Holzfarben%20kombinieren.
- https://www.rundumdastier.de/katzenrasse-perserkatze/#:~:text=Die%20Perserkatze%20ist%20eine%20ruhige%20und%20etwas%20phlegmatische,nicht%2C%20was%20sie%20zu%20einem%20bevorzugten%20Haustier%20macht.
- https://www.koelle-zoo.at/blog/tiersteckbriefe/katze/steckbrief-perserkatze#:~:text=%20Steckbrief%20Perserkatze%20%201%20Herkunft%20und%20Geschichte.,Fremden%20gegen%C3%BCber%20sind%20die%20Tiere%20meist...%20More%20
- https://www.markt.de/ratgeber/katzen/perserkatze/

- https://www.katzen-fieber.de/vorueberlegungen.php
- https://die-perserkatze.de/perser-zuechter/
- https://die-perserkatze.de/wohnungskatze-oder-freigaenger/
- https://die-perserkatze.de/alleine-halten/
- https://www.tasso.net/Service/Wissensportal/Hundehaltung/Haustier-Bestattung
- https://www.mein-gartenexperte.de/haustiere-im-garten-begraben-was-ist-erlaubt
- https://deinetiere.com/aktualitaet/adoption/legale-formalitaeten/wo-darf-ich-mein-haustier-begraben/
- https://die-perserkatze.de/aussehen-farbe-augenfarbe-gewicht-koerperlaenge/
- https://die-perserkatze.de/
- http://www.perserkatzen-index.com/
- https://www.biologie-schule.de/perserkatze-steckbrief.php

Bildverzeichnis:

- Bild Herzen Seite 1: https://pixabay.com/de/illustrations/rahmen-ring-umrandung-rand-kreis-7397807/
- Bild Katze Seite 1, Kopfzeile und Inhaltsverzeichnis: https://pixabay.com/de/vectors/katze-katzen-silhouette-tier-7098635/
- Cover-Bild: https://pixabay.com/de/photos/perserkatze-kater-katze-perser-2461526/
- Bild 3: https://pixabay.com/de/photos/katze-flauschig-perserkatze-tiere-2865025/
- Bild 4: https://pixabay.com/de/photos/katze-augen-perser-tier-portrait-4560908/
- Bild 5: https://pixabay.com/de/photos/katze-langhaarig-hauskatze-mieze-2677430/
- Bild 6: https://pixabay.com/de/photos/katze-perser-kater-haustier-3269360/

- Bild 7 und Titelbild: https://pixabay.com/de/photos/perserkatze-kater-katze-perser-2461526/
- Bild 8: https://pixabay.com/de/photos/pfote-katzenpfote-tatze-pf%c3%b6tchen-1314811/
- Bild 9: https://pixabay.com/de/photos/katze-hauskatze-tibet-spaniel-s%c3%bc%c3%9f-83323/
- Bild 10: https://pixabay.com/de/photos/katzen-tiere-drau%c3%9fen-natur-7746611/
- Bild 11: https://pixabay.com/de/photos/checkliste-auff%c3%bchren-hand-stift-1919292/
- Bild 12: https://pixabay.com/de/photos/katzenbaby-perser-katze-baby-803121/
- Bild 13: https://pixabay.com/de/vectors/aufmerksamkeit-warnung-ausruf-35061/
- Bild 14: https://pixabay.com/de/vectors/katze-jagend-maus-spielzeug-1456878/
- Bild 15: https://pixabay.com/de/illustrations/karikaturen-verstopfung-haustiere-1998573/
- Bild 16: https://pixabay.com/de/photos/perser-perserkatze-haustier-katze-4146814/
- Bild 17: https://pixabay.com/de/photos/winter-perser-perserkatze-persisch-5967722/
- Bild 18: https://pixabay.com/de/photos/tier-katze-niedlich-k%c3%a4tzchen-3360397/
- Bild 19: https://pixabay.com/de/photos/perser-katze-katzenbaby-803129/

Checkliste: Vor dem Kauf einer Perserkatze

Was ist zu beachten?	Ja	Nein	Platz für eigene Notizen
Habe ich genug Geld für die Grundausstattung und Anschaffung?			
Habe ich genug Geld für die Versorgung?			
Habe ich genug Geld für tierärztliche Behandlungen?			
Habe ich täglich genug Zeit für die Katze?			
Gibt es Allergien?			
Ist der Haushalt katzensicher?			
Kann ich die Nachtaktivität annehmen?			
Sind alle Haushaltsmitglieder einverstanden?			
Sind weitere Haustiere vorhanden? Wenn ja, passen diese zur Perserkatze?			
Was mache ich mit der			

Katze, wenn ich im Urlaub bin?		
Was ist zu beachten?	Ja Nein	**Platz für eigene Notizen**
Wer kümmert sich um die Katze, wenn ich krank bin (etwa im Krankenhaus bin)?		
Habe ich genug Platz?		
Kann ich beschädigte Möbel und Urinflecken akzeptieren?		
Komme ich mit der Sturheit der Perserkatze klar?		
Kann ich der Katze einen regelmäßigen Tagesablauf bieten?		
Katzen sind kein Spielzeug: Sehen das alle ein?		